AF232086

INVENTAIRE
V 13310

V

AF232086

INVENTAIRE
V.13,310

CHAMBRE DE COMMERCE DE SAINT-DIZIER (H^{TE}-MARNE)

PROLONGEMENT

DANS LE DÉPARTEMENT

DE LA HAUTE-MARNE

DU

CANAL LATÉRAL A LA MARNE

SAINT-DIZIER
O. SAUPIQUE, IMPRIMEUR TYPOGRAPHE ET LITHOGRAPHE
1880

PROLONGEMENT

DANS LE DÉPARTEMENT DE LA HAUTE-MARNE

du canal latéral à la Marne.

13310

CHAMBRE DE COMMERCE
DE
SAINT-DIZIER

PROLONGEMENT

DANS LE DÉPARTEMENT DE LA HAUTE-MARNE

DU

CANAL LATÉRAL A LA MARNE

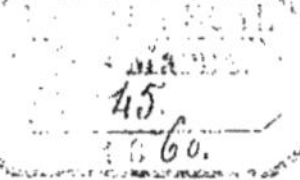

Dans la pétition adressée par elle à S. M. l'Empereur, en février dernier, la chambre de commerce de Saint-Dizier a signalé, comme l'un des plus puissants moyens de soulager l'industrie métallurgique de la Hte-Marne, l'ouverture d'un canal qui s'embrancherait sur celui de la Marne au Rhin, entre Vitry et Pargny, viendrait passer à Saint-Dizier, remonterait la vallée de la Marne jusqu'à Donjeux et à partir de ce point, prendrait la vallée du Rognon jusqu'à Rimaucourt ou suivrait celle de la Marne jusqu'à Bologne.

Ce canal compléterait celui de la Marne au Rhin, en ce qu'il permettrait d'amener les houilles du Nord et celles de l'Est jusqu'au centre des usines de la Haute-Marne, *sans transbordement*, et d'expédier aux mêmes conditions, tous les produits de ces usines.

Il a été demandé par l'administration municipale de Saint-Dizier, par les constructeurs de bateaux et marchands de bois de cette ville, par la chambre consultative de Joinville, par la chambre de commerce de Paris, par les marchands de fers et le syndicat des marchands de bois de la même ville, par une commission du Corps législatif dans un rapport concernant le canal des houillères, par la plupart des propriétaires de bois et maîtres de forges du département de la Haute-Marne.

> Nécessité du prolongement, dans le département de la Haute-Marne, du canal latéral à la Marne.

C'est contrairement aux vœux et aux intérêts de la métallurgie, contrairement aux convictions et aux projets antérieurs de l'administration des Ponts-et-Chaussées, que le chemin de fer de Blesmes à Gray a été substitué au canal qui devait unir la Marne à la Saône. (1)

L'établissement d'un canal entre celui de la Marne au Rhin et Bologne ou Rimaucourt réparerait, en partie, l'erreur qui a été commise. Cette réparation est devenue d'autant plus urgente, que le traité de commerce avec l'Angleterre impose à l'industrie métallurgique l'obligation de restreindre ses frais de production dans les limites les plus étroites.

Le canal qui est aujourd'hui réclamé, ne serait qu'une section de celui qui avait été proposé en 1846. Sa longueur ne serait que de 30, de 60, de 70 ou de 90 kilomètres selon qu'on l'arrêterait à Saint-Dizier, à Joinville, à Donjeux, à Bologne ou à Rimaucourt.

Supériorité d'un canal sur un chemin de fer dans la vallée de la Marne pour l'industrie métallurgique.

La supériorité d'une voie navigable sur une voie ferrée dans la vallée de la Marne, au-dessus de Vitry et Saint Dizier, a été trop bien démontrée en 1846, par M. l'inspecteur divisionnaire des Ponts et Chaussées, Brière de Mondétour, pour qu'il soit nécessaire de discuter, ici, de nouveau cette question.

Le canal demandé supprimerait :

1° Les frais de déchargement, de surveillance et de dépôt sur le port le plus rapproché du chemin de fer, des marchandises destinées à la Hte-Marne ou qui en proviendraient. Ces frais ne seraient pas au-dessous de 0.75 par tonne. . . . . 0 fr. 75

2° Les frais de transport sur essieux entre le port du canal et la station la plus voisine . . . . . 1 fr.

3° Le droit de gare et le rechargement à la station . 0 fr. 70

4° La perte qui résulte du bris de la houille par le déchargement et le rechargement . . . . 0 fr. 30

Ces différents frais devant s'élever ensemble à 2 fr. 75 par tonne . . . . 2 fr. 75

---

(1) L'Empereur lui-même, lorsqu'il n'était encore que Président de la République, a dit avec cette sagacité qui le distingue, aux représentants de la Haute-Marne, en jetant un coup d'œil sur la carte métallurgique du département : *Comment ne vous a-t-on pas fait un canal ?*

Le canal prendrait sur tous les points de son parcours, à toute heure du jour et de la nuit, ce qui lui serait destiné et le déposerait de même.

La voie ferrée ne reçoit et ne rend la marchandise que dans ses gares, à des heures déterminées. Il résulte de là, des frais de dépôt et un accroissement des frais de camionnage d'autant plus onéreux que ces frais s'appliquent généralement à des matières de peu de valeur, n'ayant que de courts trajets à parcourir.

Le canal transporterait, à raison de deux centimes par tonne et par kilomètre, y compris le droit de navigation, les marchandises encombrantes ou d'un grand poids, dont le transport sur la voie ferrée coûte actuellement de 5 à 8 centimes.

La quantité de marchandises que transporterait le canal, peut être calculée très approximativement ainsi qu'il suit : *Quel serait le tonnage du canal.*

Le département de la Hte-Marne produit annuellement cent mille tonnes de fonte dont les 4/5 sont affinés dans le département et fournissent 58,000 tonnes de fer malléable.

Le surplus consistant en 20,000 tonnes environ est expédié au dehors, savoir 5,000 tonnes environ sur Gray ou Châtillon et 15,000 sur Paris ou le Nord et l'Est. Cette dernière quantité sera transportée par le canal, ci . . . . 15,000 ton.

Sur les 58,000 tonnes de fer que produit le département et dont 4,600 n'en sortent qu'après avoir subi diverses transformations, on peut supposer qu'un cinquième environ aura besoin d'un transport rapide et prendra la voie ferrée; le surplus sera transporté par eau, ci . . . . 46,500 »

Pour produire 58,000 tonnes de fer, on consomme 72,000 tonnes de houille, dont un sixième environ pourra suivre la voie ferrée; le reste arrivera par eau, ci . . . . 60,000 »

On consomme dans les fonderies environ 5,000 tonnes de coke dont la moitié au moins prendra la voie d'eau, ci . . . . 2,500 »

                 A reporter   124,000 ton.

Report   124,000 ton.

Le département de la Hte-Marne produit 20,000 tonnes de fonte moulée dont moitié échappera à la voie d'eau, soit en se dirigeant vers le Midi, soit en prenant la voie ferrée. Il ne restera donc au canal que.   10,000 »

Le canal transportera, en outre, pierres de taille et mœllons. . . . .   50,000 »

Minerais .. . .   40,000 »

Marchandises diverses telles que vins, esprits, bière, huile, sucre de fécule, savons, mélasses, sels . . . .   4,000 »

Céréales. . . . .   3,500 »

Sables pour fonderies, briques, chaux, charbons de bois, engrais, cailloux pour les routes . . .   6,000 »

Total. . .   237,500 ton.

Sciages et charpentes. Nous n'avons pas compris dans ce tableau les bois sciés et en charpente qui sont l'objet d'un commerce considérable dans le département de la Haute-Marne; parce que l'emploi d'un canal latéral à la Marne entre Vitry et Donjeux, Bologne ou Rimaucourt, pour le transport de ces marchandises, produira des économies de plus d'un genre, au sujet desquelles il est nécessaire de donner quelques explications préalables.

D'après un relevé fait avec soin sur les registres des commissionnaires, les ports de Valcourt et de Saint-Dizier ont reçu pendant les trois dernières années :

2,752,100 mèt. de planches en chêne désignés sous le nom d'échantillon.

4,479,100 mèt. de planches en chêne désignés sous le nom d'entrevous.

194,800 décistères de charpentes, soit en moyenne annuellement :

917,366^m d'échantillon.

1,493,033^m d'entrevous.

62,466 décistères de charpentes.

Le tout pesant de 27 à 28,000 tonnes.

La majeure partie de ces bois est amenée au port de Valcourt, des forêts situées à droite et à gauche de la Blaise jusqu'à Juzennecourt. 200,000 mètres de planches environ provenant des forêts voisines de

Saint-Dizier sont conduits sur essieux jusqu'au port de cette ville. Le surplus chargé sur wagons dans les gares de Donjeux, Vignory, Bologne, Chaumont, Langres, Vesoul et Jussey, Clairvaux et Bricon, arrive à St-Dizier par le chemin de fer de Blesmes à Gray.

Tous les bois ainsi transportés à St Dizier y sont déposés et y séjournent plus ou moins longtemps.

Les plus beaux d'entre eux sont envoyés, dans les cas urgents, par la voie ferrée; le reste est expédié par eau, *quand la Marne le permet.*

S'il existait un canal entre Vitry et Bologne ou Rimaucourt, les réductions de frais divers que l'on obtiendrait par l'usage de ce canal, pour le transport des bois, seraient les suivantes :

1° Les sciages ou charpentes provenant des forêts situées en amont de Joinville s'embarqueraient sur le canal à Joinville, Donjeux, Rimaucourt ou Bologne et n'auraient à payer pour frais de transport entre le point de leur embarquement et St-Dizier que 2 centimes par tonne et par kilomètre, au lieu de 3 sur 50 ou 60 kilomètres et 0 fr. 40 pour droits de gare ;

2° Les mêmes bois seraient affranchis des frais de déchargement, de camionnage, de dépôt et de rechargement à Saint-Dizier, puisqu'une fois chargés sur bateaux, ils pourraient arriver à leur destination, sans transbordement. Ces frais sont, en moyenne, de 2 fr. par cent mètres.

3° Les sciages et charpentes qu'il faut, aujourd'hui, conduire et déposer dans les gares, sur des chantiers dont le loyer annuel s'élève à 1 fr. par mètre superficiel, seraient déposés, sans frais, sur un point quelconque des rives du canal, plus rapproché que la gare du point de départ de la marchandise. Il résulterait de là une économie que nous évaluons à 1 fr. par cent mètres; de sciages ;

4° Les gros bois de charpente, pour le flottage desquels la rivière n'a que rarement une tenue d'eau suffisante, pourraient être mis à l'eau dans le canal, en toute saison. On éviterait par là, soit une dépense de 0.75 centimes par décistère que coûte le transport de ces gros bois, sur essieux, à Vitry, soit l'excédant de frais qu'entraîne leur expédition à destination par la voie ferrée.

Les sapins de la forêt noire sont transportés en radeaux de Strasbourg à Cumières sur le canal de la Marne au Rhin, moyennant 3 *francs* 60 par tonne pour 370 *kilomètres*, soit moins de 1 centime par tonne et par kilomètre, chargement et déchargement au compte du marinier.

La distance de Bologne ou Rimaucourt à Paris n'étant pas plus grande que celle de Strasbourg à Cumières, le transport à Paris des grosses charpentes de la Hte-Marne, qui coûte, aujourd'hui, 11 fr. 30 par la voie ferrée, n'en coûtera pas 6 lorsque la navigation entre Paris et Cumières sera praticable régulièrement et que le canal latéral à la Marne remontera jusqu'à Bologne ou Rimaucourt.

5° Les sciages eux-mêmes sont fréquemment retenus pendant plusieurs semaines sur les ports ou dans l'eau, par l'état de la rivière et les difficultés de la navigation. Les avaries et les pertes d'intérêt qui sont la conséquence de ces retards dont la durée est toujours incertaine, augmentent le prix de revient de la marchandise de 1 à 2 p. 0/0.

6° Le transport du hêtre et du charme en *grume*, sur les voies ferrées, est impossible utilement, eu égard à la faible valeur et au poids de ces bois, qui dépasse 1800 kilos par stère.

Le flottage des mêmes bois est également impossible parce qu'il détériore la marchandise.

Le canal de Vitry à Bologne ou Rimaucourt fournirait à la Hte-Marne, un moyen d'expédier des *grumes* à Paris, sur bateaux, et augmenterait d'un tiers ou d'un quart la valeur des futaies *blanches* qui abondent dans les forêts de ce département.

7° Dans l'état actuel de nos voies de communication, le transport *des sciages*, en hêtre, n'est praticable de Saint-Dizier à Paris que sur wagons et à des conditions très-onéreuses; voici pourquoi :

Le dépôt de ces sciages sur les ports, leur exposition au soleil et leur immersion dans l'eau, alternativement, en altèrent la qualité au point de les rendre impropres soit à l'ébénisterie, soit à d'autres usages.

La circulation des bateaux sur la Marne entre St-Dizier et Vitry est impossible à la remonte.

Le poids des sciages en hêtre excède de 33 p. 0/0 celui des sciages en chêne et la valeur vénale des premiers est à celle des seconds dans le rapport de 2 à 3.

Le transport de Saint-Dizier à Paris par la voie ferrée coûte :

pour 100^m d'entrevous en hêtre		10 fr.
— d'échantillon		13
— de membrure		17

Le transport des mêmes marchandises sur bateaux ne coûterait à raison de deux centimes par tonne et par kilomètre, prix au-dessous du quel on transporte les sciages de la forêt noire entre Strasbourg et Cumières, pour 100^m d'entrevous que   5.50

| — | d'échantillon | 8 » |
| — | de membrure | 9 » |

Cette réduction de 50 0/0 sur les frais de transport du hêtre permettrait d'expédier à Paris, non-seulement des sciages, mais aussi des *traverses* en *hêtre* dont l'usage pour la construction des voies ferrées, augmente de jour en jour et tend à se généraliser

L'emploi du hêtre en *traverses*, loin de restreindre la production des sciages de même bois, la favoriserait, en ce que les arbres de moyenne grosseur, les cimes et même les branches qui ne fournissent que des sciages médiocres peuvent être utilisés pour la confection des traverses.

Ainsi le canal de la Haute-Marne donnerait à l'exploitation de l'un des principaux produits de nos forêts jusqu'à présent entravée par la cherté des transports, un développement considérable.

8° Avant la construction du canal de la Marne au Rhin, alors que les charpentes et les sciages en sapin arrivaient à Saint-Dizier sur essieux, on se servait des unes et des autres pour composer des radeaux mélangés de chêne et de sapin, à l'aide desquels on transportait, malgré le mauvais état de la rivière, des fers et des fontes à très bas prix ; le prolongement dans la Haute-Marne du canal de la Marne au Rhin, en amenant de nouveau les sapins à Saint-Dizier, permettrait encore d'en user beaucoup plus facilement qu'autrefois, soit pour transporter *sur les brelles*, comme par le passé, des fers et des fontes, soit pour breller le chêne au sortir de la main des scieurs. On obtiendrait:

1[ent]. Par l'abréviation du long séjour des sciages de chêne, sur les ports, une économie équivalente à 2 p. 0/0 de la valeur de la marchandise ;

2[ent]. Par le transport de la fonte et du fer *sur brelles*, une réduction des frais de transport qui varierait de 1 fr. à 2 fr. par tonne.

9° Enfin, lorsqu'il existera un canal dans la Haute-Marne, lorsque la navigation sur la basse Marne, c'est-à-dire de Cumières à Paris, aura été améliorée, la totalité des sciages et charpentes que Paris tire de nos contrées sera certainement transportée par eau. D'après les renseignements qui nous ont été fournis par les hommes les plus compétents, et en tenant compte de ce qui se passe sur le canal de la Marne au Rhin, nous pensons qu'il résultera du nouvel ordre de choses, une économie annuelle sur le transport des bois :

1^{ent}. De 2 fr. 50 par cent mètres de planches *d'échantillon* ou 2 fr. 50 par tonne, soit pour 1,912,721^m pesant 19,127 ton. — 47,318 fr.

2^{ent}. De 0 fr. 40^c par décistère de charpente ou 3 fr. 20 par tonne, soit pour 62,466 décist. pesant 7,808 t. — 24.985

Nous croyons, en outre, qu'en ajoutant à ces deux sommes, par toutes les considérations développées ci-dessus sous les n°s 1 à 8, une somme de . . . — 15,000

Total. . . 87,303

nous évaluons très-modérément les avantages que le canal de la Hte-Marne procurerait à notre pays.

L'expérience a constamment démontré que la création d'une voie de communication économique dans une contrée industrielle, accroît la circulation dans des proportions considérables. L'importance que nous attribuons au canal demandé n'a donc rien d'exagéré.

La longueur moyenne du parcours des marchandises sur ce canal serait d'environ 50 kilomètres.

Le fret sur la voie ferrée de Blesmes à Bologne, n'excède pas en ce moment 0 fr. 08; mais il y a sujet de craindre qu'après la construction du canal de la Sarre et dans le cas où l'administration des chemins de fer de l'Est aurait, alors comme aujourd'hui, le monopole des transports entre Blesmes et Gray, elle ne relève ses tarifs à 0 fr. 10 pour la houille et 0 fr. 14 c. pour le fer.

On sait, au contraire, que pour la batellerie, l'addition de 40 ou 50 kilomètres et même plus à un long trajet, donne très rarement lieu à une augmentation de fret; il est donc permis de penser que le transport des houilles du Nord et de l'Est par la voie d'eau ne serait pas plus cher pour St-Dizier que pour Pargny, Brusson ou Vitry, de même que l'expédition des produits de la Hte-Marne sur Paris, par eau, ne serait pas plus chère de St-Dizier que de Vitry, Brusson ou Pargny.

Résumé des avantages que le canal procurerait au pays par la Sans tenir compte de ces éventualités, nous sommes fondés à dire :

1° Qu'il résulterait certainement de la création d'un canal entre celui de la Marne au Rhin et Bologne ou Rimaucourt, une économie sur les frais

de transport de 0 fr. 05 au moins, en moyenne, par tonne et par kilomètre.

2° Que ces 0 fr. 05 multipliés par 50 kilomètres, longueur moyenne
du trajet sur le canal, produiraient une économie de 2 fr. 50 par chaque
tonne de marchandise que transporterait la voie nouvelle;

3° Qu'à cette économie s'ajouterait celle de 2 fr. 75 provenant de la
suppression des frais de transbordement, de dépôt et de camionnage à
Pargny, en sorte que l'économie totale par chaque tonne de marchandise
s'élèverait à 5 fr. 25.

4° Que la quantité de marchandises qui seraient transportées par la
voie d'eau devant être de 237,500 ton., + 28,000, ensemble 265,500
ton., l'usage de cette voie nouvelle produirait annuellement une économie de 1,246,875 fr., + 87,303, en tout 1,334,178 fr.

D'où il suit que si le canal demandé, fut-il exécuté dans sa plus grande
longueur, ne coûte pas, comme on peut le croire, plus de douze millions,
le pays en retirerait un profit annuel équivalant à plus de 10 % du capital qui serait dépensé.

En ce qui concerne particulièrement les forges de la Haute-Marne,
le canal dont s'agit devant réduire :

1° Le prix de la houille au centre de ces usines
de 5 fr. 25 par tonne de houille, soit de.   .   .   6 56
par tonne de fer ;

2° Les frais de transport du fer jusqu'au canal de la
Marne au Rhin de. 5 25

Ensemble.   .   <u>11 81</u>

Le canal demandé contribuerait plus qu'aucune autre mesure, à soulager une contrée à laquelle l'Empereur manifeste, chaque jour, la vo-
lonté de venir puissamment en aide.

Au contraire, si ce canal n'était pas exécuté, il dépendrait de la Compagnie des chemins de fer de l'Est, non-seulement de maintenir les frais
sus-énoncés, mais de les augmenter; d'anéantir ainsi les avantages promis à la Hte-Marne par la création du canal de la Sarre; de paralyser
complétement la bienveillance du gouvernement à son égard, et de con-

sommer la ruine de l'industrie la plus cruellement frappée par le traité de commerce avec l'Angleterre.

On dira peut-être, au sujet de la *pierre* qui entre pour un cinquième dans le tonnage destiné au canal :

1° Que le transport de cette marchandise ne coûte pas, aujourd'hui, par la voie ferrée, plus de 4 centimes, en moyenne, par tonne et par kilom.; qu'il en coûtera 2 par la voie d'eau et que l'emploi de celle-ci réduira les frais de transport de la pierre, non de 5 centimes par tonne et par kilomètre, comme nous l'avons supposé, mais seulement de 2 centimes.

2° Que la moitié au moins de la pierre transportée par le chemin de fer se chargeant à Saint-Dizier, n'aurait à parcourir sur le canal demandé pour atteindre celui de la Marne au Rhin, à Brusson ou à Vitry, que 30 kilomètres environ, tandis que nous en comptons 50.

A ces objections nous repondrions, premièrement, que si la pierre ne paie, par exception, que 4 centimes, d'autres marchandises paient beaucoup plus, et que la pierre elle-même, ne paiera pas moins de 0 fr. 10 c. pour atteindre le canal à Pargny ou Vitry, c'est-à-dire sur 25 ou 30 kilomètres à dater du jour où les travaux en cours d'exécution dans le lit de la Marne, entre Dizy et Paris, étant terminés, la navigation sera régulièrement praticable entre Pargny et Paris.

Secondement, que s'il existait un canal latéral à la Marne, entre Vitry et Joinville, la pierre de Savonnières et de Roches qui ne peut arriver à Saint-Dizier, pour y prendre la voie ferrée, que sur essieux, prendrait le canal à Chamouilley. Cette marchandise parcourt maintenant pour arriver à Paris :

1° De Chamouilley à Saint-Dizier sur essieux, 6 kilomètres;

2° De Saint-Dizier à Paris sur la voie ferrée 235 kilomètres.

Son transport coûte pour 6 kilomètres sur essieux .	2 fr.	50
En frais de chargement, de manutention et droit de gare à Saint-Dizier	1	
Péage sur le chemin de fer 235 kilom. à 0 fr. 04 .	9	40
Total. .	12 fr.	90

La même marchandise aurait à parcourir pour arriver à Paris, par eau :

Sur le canal demandé et celui de la Marne au Rhin
jusqu'à Vitry . . . .   36 kil.

Sur le canal latéral à la Marne et la rivière, de Vitry
à Paris, environ.   280

                          Ensemble. .   316 kil.

Elle n'aurait à payer que 2 centimes sur 316 kil. soit.   6 fr. 32

A cette somme il faudrait ajouter pour frais de chargement sur les bateaux. . . . .   »   50

                          Total. .   6   82

Les frais actuels s'élevant à   12   90

La création du canal demandé réduirait, en réalité, les
frais du transport de la pierre à Paris, de. . . .   6   08

par tonne. Nous ne portons la réduction moyenne qu'à 5 fr. 25.

Cette seconde observation est applicable, non-seulement à la pierre, mais à toutes les marchandises auxquelles la création du canal demandé permettrait de quitter la voie de fer et de prendre la voie d'eau.

Il y a lieu de croire que le poids total de ces marchandises ne serait pas au-dessous de 200,000 tonnes, qu'elles ne parcourraient pas en moyenne, moins de 150 kilomètres sur bateaux, en dehors du canal demandé, avec une économie sur les frais de transport qui ne serait pas au-dessous de 5 centimes par tonne et par kilomètre. Le prolongement dans la Haute-Marne du canal latéral à la Marne produirait donc, indépendemment de l'économie de 1,334,178 par an, dont nous avons déjà parlé, une autre économie annuelle de 900,000 fr. qui proviendrait de la navigation, en dehors de la voie nouvelle, et serait néanmoins la conséquence de son emploi. Ainsi, en établissant les calculs qui démontrent la certitude d'une économie annuelle de 1,334,178 fr. que produira cet emploi, nous n'avons tenu compte que des avantages les plus directs et les plus certains de l'œuvre importante dont nous réclamons la prompte exécution. Nous avons fait sciemment et volontairement une appréciation incomplète de son utilité.

Pétition concernant
un projet de chemin
de fer entre Pâgny-s-
Meuse et Châtillon-s-
Seine.

Une pétition concernant un projet de chemin de fer à établir entre Pâgny-sur-Meuse et Châtillon-sur-Seine, par Neufchateau, Bologne et Chateauvillain a été récemment adressée à S. M. l'Empereur.

Cette pétition contient, au sujet de l'industrie métallurgique dans la Haute-Marne, des assertions et des calculs erronnés qu'il est de notre devoir de rectifier.

On y lit :

1° Que la création du chemin de fer proposé aurait pour résultat de conserver la vie et le mouvement à tous les établissements que les mesures récentes viennent de frapper et qui menacent de s'éteindre ;

2° Que cent quinze établissements, dont le produit moyen doit être évalué à cent mille tonnes, sur lesquelles l'économie moyenne sera de 20 fr. par tonne, représentant un total de deux millions de francs, sont intéressés à la création de ce chemin.

Nombre et situation
des établissemens mé-
tallurgiques de la Hte-
Marne. Importance re-
lative de leur produc-
tion.

Le département de la Haute-Marne possède, en effet, 90 hts-fourneaux, dix grandes forges et laminoirs, treize forges anciennes dont les marteaux battent encore, quelques fourneaux et de nombreux foyers d'affinerie éteints depuis lontemps, diverses fabriques de fil de fer, de meubles en fer, chaînes, pointes, étrilles, boulons, serrures et grosse ferronnerie en pleine activité.

Ces établissements produisent annuellement cent mille tonnes de fonte brute, vingt mille tonnes de fonte moulée, cinquante huit mille tonnes de fer en barres, 4,640 tonnes de meubles en fer, chaines, pointes et autres objets.

Les plus importants sont situés, savoir :

Sur la Marne et ses affluents, entre Joinville et Saint-Dizier.
43 hauts-fourneaux, 5 laminoirs et six forges à marteaux produisant ensemble 48,000 tonnes de fonte et 34,000 tonnes de fer.

Sur la Blaise entre Eclaron et Circy :
26 hauts-fourneaux et 2 forges à marteaux produisant ensemble 30,000 tonnes de fonte 1,500 tonnes de fer ;

Sur le Rognon et ses affluents :

9 hauts-fourneaux, 5 laminoirs et 3 forges à marteaux produisant ensemble 9,000 tonnes de fonte et 18,500 tonnes de fer.

Toutes ces usines produisant ensemble 87,000 tonnes de fonte et 54,000 tonnes de fer, ainsi que toutes les fabriques de fil de fer, chaines, pointes, meubles et autres objets, dont la plupart sont concentrées sur le territoire de Saint-Dizier et dans son voisinage, *ont intérêt à l'ouverture d'un canal latéral à la Marne, entre Vitry et Joiville, Donjeux, Bologne ou Rimaucourt.*

Elles n'en ont aucun à la création d'un chemin de fer entre Pàgny-sur-Meuse et Bologne qui les laisserait impuissantes à soutenir la concurrence étrangère et intérieure. L'usage de ce chemin ne serait applicable, pour des quantités appréciables, ni au minerai, ni à la fonte, ni au fer. Le canal de la Sarre devant être, dans peu d'années, substitué pour le transport des houilles à la voie ferrée de Forbach à Frouard, le chemin proposé ne réduirait les frais de transport de ce combustible que faiblement et *pour un très-petit nombre d'usines. Il ne rendrait aux autres aucune espèce de services.* Au contraire, le prolongement du canal latéral à la Marne jusqu'à Bologne ou Rimaucourt *améliorerait considérablement la situation de* **tous les établissements métallurgiques du département, principalement de ceux qui sont situés sur le haut Rognon.**

Il suffit, pour s'en convaincre, de jeter un coup-d'œil sur la carte industrielle du département de la Haute-Marne. Quelques calculs le démontreront d'une manière plus incontestable et plus précise.

« C'est à Pàgny», dit la pétition précitée, « que les houilles de Prusse
» indispensables à nos nombreuses usines, leur sont adressées ; et elles
» ne parviennent à destination, à Bologne, par exemple, qu'après avoir
» parcouru une distance de 167 kilomètres qui serait réduite à moitié,
» si la ligne en question était exécutée. Alors les résultats seraient les
» suivants :

» 167 kilomètres (distance actuelle) à 0 fr. 05. . .	8 fr.	35
» De Pâgny-sur-Meuse à Bologne par le chemin de fer		
» proposé, la distance serait de 87 kilom. à 0 fr. 05. .	4	55
» Economie certaine (selon les auteurs de la pétition).	4	»

Au calcul qui précède, nous substituons les suivants :

1° Transport de la houille de Pâgny à Bologne,
par le chemin de fer proposé :

Frais de déchargement, de dépôt et de commission à Pâgny, par tonne.	0 fr.	75

Il existe à Pâgny une estacade qui relie le canal au chemin de fer et supprime les frais de transport de l'un à l'autre.

Perte résultant du bris de la houille par l'effet du déchargement et du rechargement, 0 fr. 30, ci. . . .	0 fr.	30
Frais de chargement sur les wagons.	0	30
Droit de gare.	0	40
Frais de transport sur la voie ferrée de Pâgny à Bologne, 87 kilom. à 0 fr. 06 (distance supposée par les auteurs de la pétition).	5	22
Total.	6	97

au lieu de 4 fr. 35.

2° Transport de la houille de Pâgny à Bologne,
par les voies actuelles, canal et chemin de fer :

Frais de transport par eau de Pâgny-sur-Meuse à Pargny-sur-Saulx, 83 kilomètres à 0 fr. 02	1	66
Frais de déchargement, de dépôt, de commission, de camionnage et autres, à Pargny.	2	05
Frais de chargement sur wagons à Pargny . . .	0	30
Droit de gare.	0	40
Frais de transport sur la voie ferrée de Pargny à Bologne, 84 kilomètres à 0 fr. 06.	5	04
Total à reporter. . . .	9	45

Report. . . . . : 9 . . 45

Nous devons retrancher de cette somme le montant des frais de camionnage à Pargny que M. le ministre des travaux publics a promis de supprimer, au moyen d'une estacade, dans le cas où l'exécution du canal demandé serait retardée. . . . . 1 »

Il ne restera donc que. . . . . . . 8 . 45
Le transport par le chemin proposé devant coûter. . 6 . 97

La différence serait de. . . . . 1 . 48

Transport de la houille de Pâgny à Bologne, *par le canal de la Marne au Rhin et par le canal demandé :*

Le transport de Pâgny à Bologne moins cher par le canal que par le chemin proposé

Frais de transport par bateaux sans déchargement soit à Pâgny sur Meuse, soit à Pargny, 180 kilom. à 0 fr. 02 c . . . . 3 fr. 60

Le transport par les voies actuelles s'élevant à 9.45 qui seront prochainement réduits à 8 fr. 45 et devant coûter par le chemin de fer proposé . . . . . . 6 . 97
l'économie qu'on obtiendrait par l'ouverture d'un canal entre Pargny et Bologne serait relativement à l'emploi des voies actuelles de . . . . 5 . 85
          d° . . d°. . du chemin proposé de . 3 . 37
c'est-à-dire de 50 à 60 p. °/₀.

On lit aussi dans la pétition déjà citée : « On obtiendrait des résultats
» plus avantageux s'il s'agissait d'usines intermédiaires, Rimaucourt ou
» Manois, par exemple.
     » De Pâgny par Blésmes et Donjeux, où il faut décharger le combusti-
» ble pour le conduire en voiture à destination, il y a, par voie ferrée,
» un parcours de 146 kilom. à 0 fr. 05 . . . . 7 fr. 30
     » De plus de Donjeux à Manois, en voiture, 24 kilom. 5 . 50

     » La tonne coûte donc de transport à l'usine. . . 12 . 80
     » Si le chemin de fer réclamé était construit; de Pâ-
» gny à Manois, il n'y aurait plus que 68 kil. à 0 fr. 05. 3 . 40

          » L'économie serait de. . . . 9 . 40

Le calcul qui précède est incomplet et manque d'exactitude. On doit lui substituer les suivants :

1° Transport de la houille de Pâgny à Manois et Rimaucourt, *par le chemin de fer proposé* :

Frais de déchargement à Pâgny, de dépôt, de commission et autres	1 fr.	05
Frais de chargement sur les wagons à Pâgny . .	»	30
Droit de gare.	»	40
Frais de transport sur la voie ferrée, de Pâgny à la gare la plus rapprochée de Rimaucourt et Manois (distance supposée par les auteurs de la pétition) 68 kil. à 0 fr. 06 c.	4	08
Frais de déchargement, de dépôt et de surveillance en gare à l'arrivée	»	50
Frais de transport sur essieux de la gare à l'usine. .	1	20
Total. .	7	53

au lieu de 3 fr. 40.

2° Transport de la houille, de Pâgny à Manois et Rimaucourt, *par les voies actuelles, (canal de la Marne au Rhin, chemin de fer de Pargny à Blesmes et de Blesmes à Gray, route de terre de Donjeux à Rimaucourt et Manois* :

Frais de transport par eau de Pâgny sur Meuse à Pargny sur Saulx, 83 kilom. à 0 fr. 02.	1 fr.	66
Frais de déchargement de dépôt, commission et autres, le tout devant être réduit à 1 fr. 05 par la suppression promise du camionnage, (1) ci.	1	05
Frais de chargement sur les wagons et droit de gare, comme d'autre part	»	70
A reporter. . . .	3	41

---

(1) Deux projets d'estacade pour Sermaize ou Brusson sont, en ce moment, soumis à l'examen du Conseil général des Ponts-et-Chaussées.

Report.	3 fr.	41
Frais de transport sur la voie ferrée de Pargny à Donjeux, 63 kilom. à 0 fr. 06.	3	78
Frais de transport sur essieux de Donjeux à Rimaucourt ou Manois, environ 24 kilom., moyenne de 10 années pour le transport du minerai	4	02
Frais de manutention en gare à Donjeux, comme dans la gare la plus voisine de Rimaucourt et Manois	»	50
Total.	11	71
Le transport par le chemin de fer proposé devant coûter.	7	53
La différence serait de.	4	18

3° Transport de la houille, de Pàgny à Manois et Rimaucourt, *par le canal de la Marne au Rhin, le canal demandé et la route de terre :*

Frais de transport sur bâteaux de Pàgny à Donjeux 160 kilom., à 0 fr. 02 c	3	20
Frais de transport sur essieux de Donjeux à Rimaucourt ou Manois, environ 24 kil., moyenne de 10 années pour le transport du minerai.	4	02
Frais de déchargement, dépôt et surveillance sur le port d'arrivée .	»	50
Total.	7	72

Les frais de transport de Pàgny à Rimaucourt et Manois moins élevés par la voie d'eau que par la voie ferrée.

Il n'est pas inutile de faire remarquer ici :

1° Que le transport entre Donjeux et Rimaucourt ou Manois s'exécute à bas prix parcequ'il existe des marchandises à transporter tant à la descente qu'à la remonte; d'un côté, les houilles, fontes et minerais; de l'autre, les fers, planches et charbons.

2° Que si le canal demandé venait aboutir à Rimaucourt, la houille arriverait à ce point, sans transbordement, et les frais de transport de cette marchandise, de Pàgny-sur-Meuse à Rimaucourt, ne s'élèveraient qu'à 4 fr. 20, au lieu de 7 fr. 72.

Donc le transport de Pàgny-sur-Meuse à Rimaucourt, par les voies actuelles, canaux, chemin de fer et route de terre, en ad-
mettant l'exécution du canal de la Sarre et la suppression
des frais de camionnage à Pargny, coûterait encore. . 11 fr. 71
Il ne coûterait par les canaux et la route de terre que . 7 72
    par le chemin de fer proposé 7 55
    par les canaux seuls 4 20
L'économie qu'on obtiendrait par le prolongement du canal latéral à la
Marne jusqu'à Rimaucourt ou Bologne, serait relativement à l'emploi des
voies actuelles de . . . . 7 fr. 51
      d°   des canaux et de la route . . 3 52
      d°   du chemin proposé . . . 5 33
c'est-à-dire de 45 ou de 65 p. %.

Le transport des houilles de Pàgny à Manois et Rimaucourt ne serait
donc pas moins cher par le chemin de fer proposé que par le canal.

Nous allons faire voir combien, sous d'autres rapports, *la voie d'eau
serait plus avantageuse, pour les usines de Rimaucourt et Manois
que ne le serait la voie ferrée.*

<table>
<tr><td>Conditions de la fabrication à Rimaucourt et Manois.</td><td>

Il n'existe pas de minerai de fer à proximité de ces usines. *Tous les
hauts-fourneaux* placés, soit sur la Marne au-dessus de Joinville, soit
sur le Rognon, sont alimentés presque exclusivement avec des minerais
provenant de minières situées au-delà de Joinville et même au-delà de
Wassy-sur-Blaise.

Les usines de Rimaucourt et Manois s'approvisionnent principalement
à Thonnance ou Joinville et Chatonrupt.

</td></tr>
</table>

Le tableau suivant explique :

1° Les diverses combinaisons auxquelles on pourrait avoir recours
pour transporter les minerais de l'atelier où on les prépare à l'usine qui
les emploie, si l'on construisait tout à la fois le chemin de fer proposé et
le canal demandé ou seulement l'un des deux.

2° Les frais afférents à chaque mode de transport.

Frais de transport

DES MINERAIS DE CHATONRUPT OU JOINVILLE A RIMAUCOURT OU MANOIS.

	Voie ferrée et route		Voie ferrée seule	Canal et Route		Canal et voie ferrée	Canal seul
	par Donjeux.	par Bologne.	par Bologne.	par Donjeux.	par Bologne.	par Bologne.	par Donjeux.
Transport de l'atelier au canal par tonne, en moyenne				1 00	1 00	1 00	1 00
Id. à la gare id.	1 50	1 50	1 50				
Droit de gare et chargement en gare	0 70	0 70	0 70				
Transport de Joinville ou Chatonrupt à Donjeux, par le canal, de 10 à 20 kilomètres en moyenne, à 0 fr. 02				0 30			0 30
Chargement sur les bateaux, pour Donjeux ou Bologne				0 30	0 30	0 30	0 30
Transport de Joinville ou Chatonrupt à Bologne, par le canal, de 30 à 40 kilomètres en moyenne, à 0 fr. 02					0 70	0 70	
Addition au fret proportionnel, sur la voie d'eau, eu égard à la faible distance				0 20	0 20	0 20	
Transport de la gare de Chevillon ou Joinville à Donjeux ou Bologne, *minimum de la taxe*	2 00	2 00	2 00				
Frais de déchargement, de dépôt, de surveillance, soit en gare soit au port d'ar.			0 50			0 50	0 50
Id. id. sur les gares et ports de passage à Bologne et Donjeux	0 50	0 50		0 50	0 50	0 50	
Transport du port de Bologne en gare, au même lieu, du chemin projeté						1 00	
Droit de gare et rechargement au même lieu						0 70	
Transport de la gare de Bologne à celles de Rimaucourt et Manois, environ 17 kilomètres, en moyenne, par la voie ferrée, *minimum de la taxe*			1 00			2 00	
Camionnage, de la gare ou port d'arrivée, aux usines de Rimaucourt ou Manois			1 20			1 20	1 20
Transport de Donjeux ou Bologne aux usines de Rimaucourt et Manois, par la route de terre, en moyenne	4 00	3 80		4 00	3 80		
Transport de Donjeux au port de Rimaucourt et Manois. 25 kilom. à 0 fr. 02							0 50
Déchet sur la marchandise résultant des déchargements et du transport	0 60	0 60	0 50	0 50	0 50	0 60	0 40
Totaux.	9 30	9 40	7 40	6 80	7 00	8 70	4 20

On voit par ce tableau :

1° Que les frais de transport du minerai aux usines de Rimaucourt et Manois sur les voies actuellement employées s'élèvent à fr. 9.30 par ton. de minerai ;

2° Que l'usage exclusif des voies ferrées réduirait ces frais à fr. 7.40;

3° Que celui de la voie d'eau et de la voie de terre les réduirait à fr. 6.80.

4° Enfin que l'usage exclusif de la voie d'eau les ferait descendre à fr. 4.20.

Pour produire une tonne de fonte, on emploie généralement 5 tonnes de minerai ; tandis qu'on n'emploie qu'une tonne et un quart de charbon de bois, soit plus exactement dans les usines dont il est question, 2.70 de minerai et 1.15 de charbon. On dépense donc, en fabriquant la fonte à Rimaucourt et Manois, toutes choses égales d'ailleurs et *pour déplacement du minerai*, $9.30 \times 2.70 = 25$ fr. 11 par tonne de fonte, ci . . . . 25 fr. 11

Ces usines sont environnées de forêts ; si le charbon de ces forêts était conduit, non à Rimaucourt ou Manois, mais à Joinville ou Châtonrupt, on n'aurait à dépenser *pour déplacement du combustible* que 9.30×1.15, soit. . 10 70

Différence 14 41

La fonte fabriquée à Rimaucourt ou Manois coûte donc, toutes choses égales d'ailleurs, 14 fr. 41 par tonne de plus que la fonte qui serait produite à Joinville ou Châtonrupt avec les mêmes charbons et le même minerai.

Or, on consomme au moins 1,230 kilogrammes de fonte pour produire une tonne de fer en barres ; donc, en fabriquant du fer avec la fonte produite à Rimaucourt ou Manois, on dépense 18 fr. par tonne de fer de plus que si la fonte était produite à Joinville ou Châtonrupt et employée sur place, ci . . . . 18 »

Quant à la houille, nous savons que lorsqu'elle pourra être transportée par eau, sur les canaux de la Sarrre et de la Marne au Rhin, depuis Sarrebrück jusqu'à Houdelain-

A reporter . . . . 18 »

Report. . . 18 fr. »

court, elle ne coûtera pas plus à Rimaucourt et Manois qu'à Châtonrupt et Joinville. Mais le fer fabriqué à Rimaucourt ou Manois passe inévitablement à Joinville et Châtonrupt, pour arriver sur le marché de Paris qui sera désormais, sinon le seul, au moins le plus important débouché de la Haute-Marne. Donc, il faut encore ajouter aux 18 fr. d'excédant de frais déjà trouvés, les frais de transport de Rimaucourt ou Manois à Joinville et Châtonrupt, soit, selon la moyenne dont il a été fait usage dans les calculs précédents :

1° De l'usine à Donjeux par terre. . . 4 f.

2° Trajet sur la voie ferrée 14 kilomèt. en moyenne, environ . . . . . . » 85

Total. . . 4 85 — 4 85

Ensemble. 22 85

Dans le cas où l'on construirait seulement le chemin de fer de Pagny-sur-Meuse à Bologne, le transport de Sarrebrück à Rimaucourt et Manois ne coûterait pas moins par les canaux et la voie ferrée, que par la voie d'eau et la route de terre. Les frais de transport du minerai seraient, à la vérité, réduits de 1 fr. 90 par tonne de minerai, soit de 6 fr. 43 par ton. de fer, mais la différence entre le prix du fer fabriqué à Rimaucourt ou Manois et le prix du fer fabriqué à Joinville ou Chatonrupt resterait encore de 16 fr. 42 par tonne; tandis que l'établissement d'un canal entre Vitry et Rimaucourt ou Manois réduirait cette différence *à cinq francs soixante-quatre centimes.*

La conclusion à tirer des faits sus-relatés est que les usines de Rimaucourt et Manois, qui sont *situées à l'extrémité sud-ouest du principal groupe métallurgique de la Haute-Marne* et se trouveraient les plus éloignées du canal, en même temps que les plus rapprochées du chemin de fer proposé, *ayant néanmoins plus d'intérêt à l'ouverture du premier qu'à la création du second, toutes les autres usines du même groupe, situées entre Rimaucourt et Saint-Dizier, doivent préférer la voie d'eau à la voie de fer proposée.*

Les avantages qu'un canal de Pargny à Donjeux assurerait aux usines de Rimaucourt et Manois peuvent se résumer ainsi :

1° Réduction des frais de transport du minerai, à raison de 2 fr. 50 par tonne sur 2ᵗ.70 par tonne de fonte et sur une consommation de 1250 kilog. de fonte pour produire une tonne de fer, ci. . . . : 8   44

2° Suppression des frais de transbordement et autres à Pargny 2 75

3° Réduction des frais du transport de la houille entre Pargny et Donjeux à raison de 0 fr. 05 par tonne et par kilom. sur 63 kilom. . . 3 15

Total par tonne de houille. . 3 90

On consomme généralement 1250 kilog. de houille pour produire une tonne de fer. La réduction sur les frais de transport de la houille s'éleverait donc par ton. de fer à. 7   38

4° Réduction des frais du transport des fers de Donjeux à Pargny et suppression des frais de transbordement comme pour la houille 5   90

Total. . 21   72

Si le canal remontait jusqu'à Rimaucourt ou Manois, on obtiendrait, en outre :

1° Sur le transport du minerai, de Donjeux à Rimaucourt ou Manois, par tonne de minerai, 3 fr. 50 soit par tonne de fer 11 81

2° Sur le transport de la houille 3 fr. 50 soit par tonne de fer. 4 38

3° Sur le transport du fer 3 50

Total . . . 19 69 — 19   69

Total général. . 41   41

Le canal complet dont nous demandons l'exécution, permettrait aux usines de Rimaucourt et Manois d'économiser sur leurs frais de production 41 fr. 41 par chaque tonne de fer. Ce canal, dut-il s'arrêter à Donjeux, serait par conséquent beaucoup plus utile aux usines de Rimaucourt et Manois qu'à l'ensemble des forges et fourneaux de la Hte-Marne. C'est donc à tort qu'on propose particulièrement, en leur nom, un chemin de fer qui serait loin de leur rendre les services que leur rendrait le prolongement, jusqu'à Donjeux ou Bologne, du canal latéral à la Marne.

Quant au petit groupe du Sud-Est qui embrasse les cantons d'Auberive, Montigny, Arc et Chateauvillain, 11 fourneaux et 18 feux de forges y ont été successivement éteints, en raison de la rareté et de la cherté du minerai, alors que le fer valait encore de 350 à 400 fr. la tonne.

Comment peut-on se flatter de rallumer ces foyers éteints maintenant que le prix du fer est tombé à 250 fr. et ne dépassera probablement plus cette limite ? Si quelque chose pouvait y parvenir, ce serait non la création d'un chemin de fer entre Bologne et Pâgny-sur-Meuse, *qui ne traverserait aucune contrée métallifère*, mais l'ouverture d'un canal latéral à la Marne *qui amènerait, à bas prix, les minerais de la Marne et de la Blaise jusqu'à Bologne, en même temps que les houilles de Prusse, avec une réduction de 50 %* sur les frais du transport de ce combustible, par la voie ferrée proposée.

Donc, le petit groupe du Sud-Est qui ne compte plus que 10 hauts-fourneaux dont 7 en activité, 4 marteaux et une forge à laminoirs, ne produisant pas ensemble 8,000 tonnes de fonte et 4,000 tonnes de fer, est comme le groupe principal qui produit 87,000 tonnes de fonte et 54,000 tonnes de fer, *intéressé à ce qu'un chemin de fer dont la métallurgie Haute-Marnaise ne recueillerait aucun profit appréciable en argent, ne soit pas substitué à un canal dont la création est nécessaire à la conservation de cette industrie.*

Etat actuel des usines composant le groupe du sud-est.
Le canal demandé préférable pour elles au chemin proposé.

Les plus riches minières du département de la Haute-Marne se rencontrent, d'une part, sur les deux rives de la Blaise, entre Allichamps et Dommartin, de l'autre, sur les deux rives de la Marne entre Joinville et

Situation des minières de la Haute-Marne. Concentration de l'industrie métallurgique dans leur voisinage.

St-Dizier. C'est pourquoi depuis quelques années, la production de la fonte et du fer dans la Hte-Marne s'est développée sur ces deux points. Les mesures douanières récemment adoptées tendent à la circonscrire sur ces mêmes points. Tous ceux qui directement ou indirectement ont intérêt à la conservation de l'industrie métallurgique dans la Hte-Marne, doivent désirer pour elle :

1° *La suppression des déplacements inutiles de matières;*
2° *La réduction des frais de transport inévitables.*

De cette concentra-
tion inévitable déri-
vent l'utilité et la né-
cessité d'un canal en-
tre Pargny et Bologne
ou Rimaucourt.

Un canal latéral à la Marne entre Pargny et Bologne ou Rimaucourt atteindrait ce double but.

La presque totalité de la fonte fabriquée dans le département de la Hte-Marne devant passer à Joinville ou tout au moins à Saint-Dizier, pour arriver à sa destination définitive, sa valeur vénale serait d'autant plus grande qu'il existerait entre ces deux villes une voie de communication plus économique, et que l'affinage et les transports nécessaires s'y opéreraient avec moins de frais.

La voie nouvelle profiterait donc aux exploitants et aux propriétaires de toutes les usines du département, au plus grand nombre des possesseurs du sol cultivé comme à ceux qui vivent de salaires. Elle profiterait surtout aux détenteurs du sol boisé :

1° Parce que le charbon de bois étant seul employé, dans le département de la Hte-Marne, à la production de la fonte, et la houille étant exclusivement consacrée à la conversion de la fonte en fer, moins on dépensera pour opérer cette dernière transformation, plus on pourra payer cher le charbon de bois pour la fabrication de la fonte ;

2° Parce que la création d'un canal latéral à la Marne et au Rognon, entre Vitry et Bologne ou Rimaucourt, devant réduire de 30 à 35 p. 0/0 les frais du transport à Paris des sciages et charpentes, le montant de la réduction qu'on obtiendra sur le prix de transport de ces marchandises accroîtra d'autant la valeur vénale de la futaie qui les produit.

Les Membres de la Chambre de Commerce.

J. Rozet, *président et rapporteur*.
J. Becquey, *secrétaire*.
Bourdon-Trancart, *trésorier*.
Doé.
Drouot.
Magnin.
Ory-Boulainvaux.
Paquot.
G. Varnier.

Saint-Dizier, 10 Juin 1860.

Imprimerie et lithographie de O. SAUPIQUE, à Saint-Dizier.

Réponse

PAR LA CHAMBRE DE COMMERCE

de Saint-Dizier

A DIVERSES OBSERVATIONS

Concernant le Mémoire que M. **ROZET** a déposé,
au nom de cette Chambre,
le 4 avril **1860**,
entre les mains de M. le Ministre des Travaux Publics,
sur le prolongement,
dans le département de la **Haute-Marne**,
du canal latéral à la Marne.

RÉPONSE

par la Chambre de Commerce de Saint-Dizier

à diverses observations concernant le mémoire que M. ROZET *a déposé au nom de cette Chambre, le 4 avril 1860, entre les mains de M. le Ministre des Travaux Publics, sur le prolongement dans le département de la Haute-Marne du canal latéral à la Marne.*

Le mémoire précédent, sauf quelques additions et de légers changements, est la reproduction textuelle de celui que M. Rozet a présenté, le 4 avril dernier, au nom de la Chambre de Commerce de Saint-Dizier, à M. le ministre des Travaux Publics.

Ce mémoire a provoqué, de la part des signataires d'une pétition relatée dans le sus-dit mémoire, des critiques et observations qui nous ont été communiquées.

Nous croyons devoir répondre à ces observations, dans l'intérêt commercial du département de la Hte-Marne dont nous sommes les organes.

Nous le ferons avec la modération et l'impartialité que M. Rozet a lui-même apportée dans la rédaction de son mémoire.

M. Rozet devait calculer les distances à parcourir, non à partir de Toul et par Vitry, puisque les noms de Toul et de Vitry n'avaient pas été primitivement indiqués, mais de Pàgny-sur-Meuse, point de jonction des deux lignes de fer et en passant à Pargny-sur-Saulx, point de jonction supposé du canal de la Marne au Rhin et du canal demandé ; c'est ce

Page 1re
des Observations.

—

1° M. Rozet établit son calcul depuis Toul ou Pàgny jusqu'à Bologne, sur un parcours de 158 kilomètres. Il nous permettra de relever, ici, de sa part, une erreur considérable.

qu'il a voulu et cru faire exactement. Or, la distance qui sépare Pàgny-sur-Meuse de Pargny-sur-Saulx est sur la voie d'eau de. 83 kilom. (1)

La distance de Pargny-sur-Saulx à Bologne, sur la voie ferrée est de . . . . 84 »

Ensemble. . 167 kilom.

La longueur du trajet entre Pargny et Bologne sera la même ou à peu près, par la voie d'eau que par la voie ferrée; le frêt de Pàgny à Bologne sur le canal de la Marne au Rhin et le canal demandé coûterait donc, à raison de 0 fr. 02 par tonne et par kilomètre. . . 5 fr. 54

Le transport de Pàgny à Bologne par la voie ferrée proposée coûterait 6 97

L'économie devant résulter de la création du canal demandé ne s'élèverait qu'à 3 65

M. Rozet l'a porté à 3 81

Différence. . » 18

Cette erreur est évidemment sans portée.

Il est vrai que les auteurs de la pétition, substituant *Toul* à *Pàgny* et *Vitry* à *Pargny*, trouvent que la distance de Toul à Bologne est de 231 kilom. et reprochent à M. Rozet d'avoir réduit la distance à parcourir, non de 9 kilom. mais de 73. Ce reproche est encore moins fondé que le précédent, car en supposant que le chemin proposé doive se souder au chemin actuel, non à Pàgny mais à Toul; en supposant que le canal proposé doive se rattacher au canal de la Marne au Rhin près de Vitry, ou ce qui est plus probable, en amont de Vitry, près de Brusson, *il n'en résulterait aucune aggravation de charges pour la métallurgie de la Hte-Marne.* En effet, dans le cas où la jonction des deux canaux aurait lieu à Brusson ou à Vitry, la distance à parcourir par les houilles de Prusse serait augmentée d'environ 14 kilomètres, mais la distance à parcourir par les houilles du Nord serait diminuée d'autant; et comme les houilles du Nord entreront désormais pour plus de moitié dans la consommation de

---

(1) Distance indiquée dans le rapport fait en 1859 à M. le ministre des travaux publics, par M. l'ingénieur en chef Benard, au sujet du canal des houillères.

la Haute-Marne, l'économie que produirait sur le transport de celles-ci, le déplacement du point de jonction des canaux, compenserait et au-delà l'augmentation de frais qui pourraient résulter de ce déplacement sur le transport des autres.

Il y a plus, les houilles du Nord dont la qualité est supérieure à celle des houilles de Prusse n'étant pas plus chères à Vitry que ces dernières ne le sont à Pargny, l'augmentation de frais qu'entraînera le transport des houilles de Prusse entre Pargny et Vitry, pesera exclusivement, non sur le consommateur français, mais sur le producteur étranger.

Enfin, la presque totalité des fontes, des fers, des bois et des pierres qui sortent de la Haute-Marne, se dirigeant vers Paris ou Reims, toute réduction des frais de transport dans cette direction profitera nécessairement à l'universalité des industries du département.

Quant à la distance entre Vitry et Saint-Dizier que les auteurs de la pétition portent à 35 kilomètres, *à cause des sinuosités de la rivière*, on voit qu'elle a été évaluée dans la supposition que la rivière serait *canalisée*; mais il ne s'agit pas de canaliser la rivière; ce projet ancien a été abandonné. Il s'agit d'ouvrir un canal entre Vitry ou Brusson et Saint-Dizier, au milieu d'une vaste plaine et peut-être sur une seule ligne droite, dont la longueur serait probablement inférieure à 25 kilomètres.

La Compagnie de l'Est a constamment exigé, malgré les réclamations qui lui ont été adressées, 5 centimes par tonne et par kilomètre, pour le transport de la houille dans le département de la Haute-Marne. Elle perçoit 9 centimes sur les fers et fontes moulées jusqu'à 150 kilomètres et 0 fr. 06 c. pour de plus longs trajets. Elle en exige 10 pour le transport de la houille à 50 kilomètres, lors même que la marchandise après avoir été amenée dans une de ses gares par ses wagons est rechargée dans cette gare et conduite plus loin.

La compagnie du Nord ne prend pas moins de 10 centimes pour le transport de la houille à 6 kilom.

8	centimes	à	18	kilom.
7	»	à	20	»
6	»	à	71	»
5 ½	»	à	100	»

Page 2.

2° M. Rozet prend toujours pour base de ses calculs...... le prix de transport par chemin de fer, à raison 0 fr. 06 par tonne et par kilomèt. Ceci n'est pas sérieux.

Son prix le plus doux s'élève à près de 4 centimes ; elle ne l'accorde que pour de longs trajets *et lorsque sa ligne est parallèle à une voie d'eau*, dont elle redoute la concurrence.

Si la Compagnie de l'Est n'avait à transporter que des quantités de marchandises peu considérables à des distances variables entre 20 et 80 kilomètres, soit sur la ligne de Blesme à Gray, soit sur le chemin proposé entre Pàgny et Bologne, *sans concurrence sur l'une et l'autre ligne*, on ne peut pas douter qu'elle n'exigeât de 7 à 10 centimes par tonne et par kilomètre. M. Rozet n'en a compté que *six* en moyenne.

Page 2.
3° M. Rozet, pour les transports sur essieux, pose, comme tarif moyen, 0 fr. 48 c. par ton. et par kilom.

Si les auteurs de la pétition, au lieu d'aller demander à MM. les ingénieurs d'un département voisin des renseignements sur le prix des transports exécutés pour le compte de l'Etat, dans des circonstances exceptionnelles et à des conditions anormales, *en dehors du courant de la circulation qui existe dans la vallée du Rognon*, s'étaient adressés *aux voituriers qui transportent*, aux maîtres de forges, marchands de bois, entrepreneurs et commissionnaires *qui font exécuter des transports* **sur la route dite du Rognon**, ils ne se seraient pas exposés à dire que le minimum des frais de transport sur cette route s'élève à 0 fr. 25. Ce que les auteurs de la pétition ont négligé de faire, nous l'avons fait et nous avons acquis la preuve :

1° Que depuis plus de 10 ans, le prix des transports de minerai, fonte et fer, de Donjeux à Rimaucourt et Manois et réciproquement, n'a pas dépassé, en moyenne, pour les minerais et les fontes, 4 fr. par tonne ; pour les fers, 3 f. 50.

2° Que depuis l'ouverture de la gare de Bologne, c'est-à-dire depuis plus de 4 ans, le prix des transports de minerai, fonte et fer, de Bologne à Rimaucourt et Manois et réciproquement, n'a pas dépassé en moyenne pour les minerais et les fontes 3 fr. 90, et pour les fers 3 fr. 37.

Ainsi, le prix moyen des transports sur les deux lignes et dans les deux directions, n'a pas atteint, pour les trois espèces de marchandises 3 fr. 70 par tonne. M. Rozet a pris pour base de ses calculs, eu égard à l'augmentation des prix pendant les dernières années, une moyenne générale supposée de 4 fr. 52 ; on ne peut donc pas l'accuser d'avoir fait une évaluation *insuffisante* des frais de transport par la voie de terre.

Les auteurs de la pétition supposent que les houilles de Prusse arriveront à Pâgny, non par eau, comme M. Rozet l'a admis, mais par la voie ferrée, et qu'elles parviendront à Bologne, sans quitter le rail, par conséquent sans frais de dépôt et de transbordement à Pâgny. Les calculs suivants prouvent qu'il n'en sera pas ainsi, *le transport direct, par la voie ferrée, devant coûter plus cher que le transport mixte, avec dépôt et transbordement à Pâgny.*

Page 4.
Transbordement et commission à Pâgny. Cet article et les trois suivants, relatifs au transbordement à Pâgny, sont une pure fiction.

Le transport de la houille, entre la mine et Forbach, coûte en moyenne. 1 25

   Menus frais au départ de Forbach environ . . . » 25

   Droit de gare. . . . . » 40

   Transport de Forbach à Pâgny 151 kilom. (1) à 0 fr. 05. 7 55

      D° de Pâgny à Bologne pour 87 kilom. à 0 fr. 05 4 35

   Frais de déchargement, de dépôt et de surveillance en gare à Bologne . . . . » 50

   Frais variables et communs aux deux voies à Sarrebruck (pour mémoire). . . . . . . » » »

                  Total. . 14 30

   Entre la mine et Sarrebruck, en moyenne, ci. . » 60

   Le transport de Sarrebruck à Pâgny par la voie d'eau coûtera pour 190 kilom. à 0 fr. 02, selon le rapport de M. Benard 5 80

   Menus frais au passage à Sarreguemines . . » 10

   Commission, transbordement et dépôt à Pâgny, bris de la houille, chargement sur les wagons et droit de gare. 1 75

   Frais de transport de Pâgny à Bologne, 87 kil. à 0 fr. 06 . . . . 5 22

   Frais de déchargement, de dépôt et de surveillance à Bologne . . . . » 50

   Frais communs aux deux voies (pour mémoire) » »

                           11 97

                  Différence. . 2 33

---

(1) Distance indiquée dans le rapport de M. l'ingénieur en chef Benard, déjà cité.

Le transport direct, par la voie ferrée seule, coûterait 2.33 de plus, pour Bologne que le transport mixte, par les canaux de la Sarre et de la Marne au Rhin et par le chemin de fer proposé. C'est donc avec raison que M. Rozet a comparé les frais du transport mixte aux frais de transport par le canal demandé.

Rétablissons ces derniers.

Page 5.
1° 35 kilomètres de remonte en rivière, de Vitry à Saint-Dizier, à 0 f. 034, donnent 1 fr. 90 c.

Le transport de la mine à Sarrebrück coûte moyenne.	»	60
Menus frais à Sarreguemines.	»	10
Le transport de Sarrebrück à Bologne, par la voie d'eau, coûterait jusqu'à Brusson pour 287 kilom. à 0 fr. 02, selon le rapport de M. l'ingénieur en chef Benard. .	5	74
Dᵒ de Brusson à Saint-Dizier, non par la rivière, mais par le canal nouveau, 25 kilom. à 0 02	»	50
Dᵒ de St-Dizier à Bologne environ 58 kilom. à 0 fr. 02.	1	16
Frais de dépôt, de déchargement et de surveillance, en gare à Bologne.	»	50
Frais communs aux deux voies (pour mémoire) .	»	» »
Total. .	8	60

Le transport de la houille de Sarrebrück à Bologne, par la voie d'eau, sans transbordement, coûterait donc 5 fr. 57 de moins par tonne, que par la voie mixte. La différence énoncée dans le mémoire de M. Rozet s'élève à 3.81, en raison

1° De l'erreur de 9 kilomètres qu'il a commise sur le calcul des distances ;

2° De l'augmentation de parcours pouvant résulter du passage par Brusson, qu'il a négligée, et dont nous tenons compte. Mais une réduction de 5 fr. 70 par tonne, sur les frais de transport par la voie ferrée, ou seulement de 3.37 sur les frais de transport par la voie mixte, différence que l'on obtiendrait en construisant le canal demandé, est plus que suffisante pour mériter à ce canal la préférence sur le chemin de fer proposé.

La distance de quatre-vingt-sept kilomètres est celle qui a été indi-quée par les auteurs de la pétition. D'après les études que les ingénieurs ont faites récemment sur le terrain, la distance de Toul à Bologne serait non de *soixante-dix-huit à quatre-vingt* kilomètres, mais de *quatre-vingt-dix.*

Comment les auteurs de la pétition parviennent-ils à donner à cette assertion, une apparence de vérité? En exagérant les frais afférents à la voie d'eau, en atténuant les frais afférents à la voie ferrée.

Nous avons déjà démontré que, dans l'hypothèse du mode de transport mixte dont l'adoption serait la conséquence de l'établissement d'un chemin de fer entre Pàgny et Bologne, les frais de dépôt à Pàgny, de trans-bordement et autres étaient inévitables et ne s'élèveraient pas à moins de . . . . 1 fr. 75

Nous avons également prouvé que le frêt sur la voie nouvelle ne serait pas au-dessous de 0 fr. 06, soit pour 68 kilom. (1). 4   08

Quant aux frais de transport, de la gare aux usines, que M. Rozet a portés à 1 fr. 20, les auteurs de la pétition réduisent ces frais à 0 fr. 30, sous le prétexte que les usi-nes de Rimaucourt et Manois se trouvant placées sur le passage du chemin de fer, y seront liées par quelques centaines de mètres de rails, *ainsi que le sont déjà quel-ques usines placées entre Joinville et Saint-Dizier.*

Les usines de Rimaucourt et Manois ne seraient pas plus rapprochées du chemin de fer proposé, que ne le sont du chemin de Blesmes à Gray, les usines situées dans la val-lée de la Marne. Or, il n'existe entre Saint-Dizier et Chau-mont *qu'une seule usine* reliée à la voie publique par un

A reporter. 5   83

Page 5.
Nous pourrions chi-caner M. Rozet sur la distance de 87 kilom. par la voie ferrée........
Cette distance, entre Toul et Bologne, ne sera probablement que de 78 à 80 kilom.

Pages 6, 7 et 8.
Les frais de trans-port de Pàgny à Ri-maucourt et Manois, bien plus chers par la voie d'eau que par le chemin de fer.

---

(1) La distance de Toul à Bologne serait, selon l'avant-projet récemment dressé, de **72** kilomètres.

Report. . . . 5   85

embranchement particulier. L'établissement de cet embranchement a coûté près de 100,000 fr. aux industriels qui s'en servent. Il ne dispense pas du transbordement à la gare.

Les frais de transport sur essieux qu'il a supprimés s'élevaient à plus de 1 fr. 20 par tonne.

L'importance d'un seul établissement industriel comporte bien rarement la création d'un embranchement spécial qui le relie à la gare commune et dont la longueur dépasse généralement un kilomètre.

Il y a sujet de maintenir, pour les frais du transport de l'usine à la gare. 1   20

On doit même ajouter, selon l'observation faite par les auteurs de la pétition à l'égard du port de Donjeux, pour frais de déchargement, de dépôt et de surveillance dans la gare d'arrivée commune, à Rimaucourt et Manois. . »   50

Total. . . . 7   53

Les frais de transport de Pàgny aux usines, par la voie ferrée proposée, ne seraient donc pas au-dessous de 7 fr. 53.

En ce qui concerne les frais du transport, par la voie d'eau, entre Pàgny et Donjeux et ceux du transport par terre de Donjeux à Rimaucourt ou Manois, la distance de Pàgny à Donjeux devant être, non de 220 kilom., comme le disent les auteurs de la pétition, mais de 160, savoir :

entre Pàgny et Pargny	85	
» Pargny et Brusson	14	
» Brusson et Saint-Dizier	25	
» Saint-Dizier et Donjeux	38	
Total. .	160	

Le frêt pour ces 160 kilom. à 0 fr. 02 s'élèverait à. . 3   20

Frais de déchargement, de dépôt et de surveillance sur le port, comme dans la gare d'arrivée à Rimaucourt et Manois . . . . »   50

Bris de la houille et déchet résultant du transborde-

A reporter. . . . 3   70

Report. . . .	3	70
ment à Donjeux comme à Pâgny	»	30
Transport sur essieux de Donjeux à Manois ou Rimaucourt, 24 kilom. en moyenne.	4	»
(Avant l'établissement du chemin de fer de Blesmes à Gray, le transport des marchandises ne s'exécutait pas entre Saint-Dizier et Joinville, sur une distance de 32 kilomètres, à plus de 0 fr. 15 par tonne et par kilomètre.)		
Total.	8	00
Le transport par le chemin de fer demandé ne devant coûter que.	7	53
La création d'une voie ferrée entre Pâgny et Bologne permettrait d'économiser.	»	47

centimes par tonne sur les frais de transport des houilles nécessaires à l'alimentation des usines de Rimaucourt et Manois, c'est-à-dire environ 5,000 fr. pour le transport de 8 à 10,000 tonnes de houille.

Le chemin de fer proposé ne présenterait, comparativement au canal demandé, aucun avantage, soit pour l'expédition des fers de Rimaucourt et Manois, jusqu'à Joinville, soit pour le transport des minerais de Joinville ou Chatonrupt à Rimaucourt et Manois ; on sait, au contraire, que la création d'un canal entre Donjeux et Vitry permettrait d'économiser plus de 5 fr. par tonne sur frais du transport, entre ces deux points, de toute espèce de marchandise.

Le chemin de fer proposé ne profiterait, au *point de vue exclusivement métallurgique* qu'aux usines de Rimaucourt et Manois. Il ne leur apporterait qu'une économie totale de 4 à 6,000 francs.

Le canal de Vitry à Donjeux serait utile à toutes les usines du département de la Haute-Marne et permettrait d'économiser annuellement, au profit de la consommation générale, plus de treize cents mille francs.

La voie ferrée proposée ne coûterait pas moins de vingt-cinq millions, la voie d'eau n'en coûterait pas douze.

Il serait moins onéreux à l'État, et beaucoup plus utile à l'industrie métallurgique de dépenser quatre millions pour prolonger le canal jusqu'à Rimaucourt ou Manois, que de dépenser vingt-cinq millions pour construire un chemin de fer de Pâgny à Bologne. En effet, la prolongation jusqu'à Rimaucourt ou Manois du canal de Vitry à Donjeux profiterait à

toutes les usines situées sur le Rognon et réduirait pour celles de Rimaucourt et Manois, les frais de transport par chaque ton. de houille, non pas
seulement de 47 c. comme pourrait le faire la voie ferrée, mais de 3 f 50.
Elle réduirait en outre les frais de transport de toutes les autres matières
destinées aux usines de Rimaucourt et Manois ou en provenant, d'une
même somme de 3 fr. 50 par chaque tonne. Dans ce cas, l'économie qui
résulterait de l'emploi de la voie d'eau, entre Vitry et Rimaucourt ou Manois, serait de 9 fr. 40 à la remonte et de pareille somme à la descente,
en tout 18 fr. 80.

Page 9.
Comparaison des frais de transport des minerais par le canal et par la voie férrée.

M. Rozet a évalué les frais de transport du minerai, de l'atelier au chemin de fer, à.   .   .   .   .   1 fr. 50

Id.   au canal.   1   »
____

Différence en faveur du canal.   .   .   »   50

Les auteurs de la pétition n'admettent pas cette différence, par la raison, disent-ils, que le chemin de fer est plus rapproché *des mines* de
Chatonrupt que le canal. Nous croyons, au contraire, que le canal sera
plus rapproché des bocards situés dans l'intérieur de Chatonrupt que ne
l'est le chemin de fer. Toutefois, le transport soit au canal, soit au chemin
de fer, des minerais préparés dans les ateliers ne différera peut-être pas de
50 c. par tonne, mais il n'en sera pas de même à l'égard du transport
des minerais que fournissent les bocards situés en dehors du village de
Chatonrupt et dans les environs de Joinville.

Ainsi, les frais du transport à la gare de Joinville des minerais provenant des bocards de Bonneval, de Sombreuil et Sommermont varient de
2 fr. 20 à 2 fr. 50; le transport des mêmes minerais au canal ne coûterait
pas plus de 1 fr. à 1 fr. 25. Il est incontestable que les chemins de fer ne
recevant la marchandise que dans leurs gares, tandis que les canaux la
prennent sur tous les points de leur parcours, l'apport de la marchandise
au canal doit être généralement moins cher que l'apport au chemin de fer.
M. Rozet en portant à 0 fr. 50 par tonne l'excédant des frais du transport
au chemin de fer sur ceux du transport au canal, ne s'est pas écarté de
la vérité.

	Voie ferrée.	Voie navigable.
Nous maintenons, en conséquence, pour frais de transport du minerai au canal . . .		1 fr. 00
D° d° au chemin de fer .	1 fr. 50	
Nous ajoutons pour frais de chargement. .	» 30	» 30
Pour droit de gare.	» 40	

Les auteurs de la pétition ajoutent aux frais de transport par la voie d'eau, que M. Rozet indique, 20 centimes pour droit de dépôt et frais de surveillance au port d'embarquement.

Le dépôt sur la berge d'un canal, de minerai brut ou lavé, n'exige aucune surveillance et les frais qu'entraîne ce dépôt, pour la location du terrain, sont si minimes qu'ils ne peuvent être appréciés en argent, par tonne de matière transportée. S'il y avait lieu de tenir compte de ces frais, il faudrait le faire à l'égard de la voie ferrée, comme pour la voie d'eau; on peut donc les négliger.

Les auteurs de la pétition supposent que la totalité des minerais expédiés de divers points situés entre Chatonrupt et Joinville, se dépose à Bologne; ils portent, en conséquence, la distance à parcourir par ces minerais, à 35 kilom. et les frais résultant du transport,

Sur la voie d'eau à 0 fr. 66,

Sur la voie ferrée à 1 fr. 88.

Cette supposition est inexacte.

Les minerais se partagent entre les gares de Donjeux, Vignory et Bologne. La distance qu'ils parcourent n'excède pas en moyenne 25 kilom. et leur transport par le chemin de fer coûte, en réalité, par l'application du minimun de la taxe. 2 » »

En outre, pour frais de déchargement, de dé-

	Voie ferrée.	Voie navigable.
à reporter. .	4 20	1 30

	Voie ferrée.		Voie navigable.	
Report.	4	20	1	30
pôt et de surveillance en gare, à l'arrivée	»	50		
Il coûterait par la voie d'eau pour 25 kilom. à 0 fr. 02.			»	50
Pour frais de déchargement, de dépôt et de surveillance au port d'arrivée			»	50

Les auteurs de la pétition supposent aussi que la totalité des minerais arrivant à Bologne est destinée aux fourneaux de Manois.

Ils estiment, en conséquence, que la distance à parcourir sur essieux, par ces minerais, est de 21 kilom. et portent les frais de transport entre Bologne et Manois, à raison de 0 fr. 25 par tonne et par kilomètre, à 5 fr. 25.

Nous pensons que les minerais qui sont ou pourront être amenés à Bologne, doivent être considérés comme destinés à l'alimentation, non pas seulement des fourneaux de Manois, mais aussi de ceux de Rimaucourt et Montot. Or, la distance moyenne de Bologne à ces différentes usines n'excède pas 17 kilomètres.

Quoiqu'il en soit, la moyenne des frais de transport du minerai de Bologne à Rimaucourt et Manois ne s'étant pas élevée depuis 4 ans au-dessus de 3.90, nous nous arrêtons à ce chiffre. **3 90 3 90**

M. Rozet a porté, au lieu de 3.90, 4.50, parce qu'il a compris dans cette dernière somme les frais de déchargement, de dépôt et de surveillance à l'arrivée à Donjeux ou Bologne, que nous comptons séparément pour 0 fr. 50. Il était donc dans le vrai.

Les auteurs de la pétition prétendent que le déchet résultant du transport serait plus grand par la voie d'eau que par la voie ferrée;

à reporter.	8	60	6	10

	Voie ferrée.		Voie navigable.	
Report . .	8	60	6	20

C'est le contraire qui se produit. L'expérience a prouvé que le déchet résultant du transport sur wagons de minerais pulvérulents, comme le sont ceux de la Hte-Marne, n'est pas moindre que le déchet résultant du transport sur voitures ordinaires.

Or, le minerai dont s'agit, aurait à parcourir soit, *en passant par Bologne,* 52 kilom. sur wagons et de 1 à 2 kilom. sur essieux, ou 35 kilom. environ sur bateaux et 17 kilom. sur essieux; soit, *en passant par Donjeux,* 15 kil. sur bateaux et 24 kilom. sur essieux ou 15 kil. en moyenne sur wagons et 24 kil. sur essieux.

La distance à parcourir sur essieux et sur wagons étant dans les deux cas, à peu près trois fois plus grande sur essieux et wagons que sur bateaux, le déchet serait plus grand par la voie ferrée et la route que par la route et la voie d'eau : On sait qu'il est nul sur les bateaux.

Quant à celui qui résulte du transbordement; il serait le même dans les deux directions, puisqu'un seul transbordement aura lieu, soit à la gare ou au port de Donjeux ou Bologne, soit à la gare de Rimaucourt, Manois et Montot. Nous portons, en conséquence, comme l'a fait M. Rozet, 0 fr. 10 de plus pour le déchet sur la voie ferrée que sur la voie d'eau   d° .   »   60   »   50

Les auteurs de la pétition inscrivent au compte du canal, *une somme de 0 fr. 60 pour frais de chargement et de déchargement à la charge de l'expéditeur,* dont ils ne font pas mention au compte du chemin de fer. Cette omission ne peut-être que le résultat d'erreur; les frais sus-

| à reporter . . | 9 | 20 | 6 | 70 |

		Voie ferrée.		Voie navigable.
Report.	.	9	20	6	70

énoncés sont inévitables et nous les avons portés, de part et d'autre, selon l'évaluation des auteurs de la pétition à 0 fr. 30 + 0 fr. 50.

		Voie ferrée.		Voie navigable.
Totaux.	.	9	20	6	70

Ainsi, la différence entre les frais de transport du minerai, de Chatonrupt ou Joinville, à Rimaucourt ou Manois, par la voie ferrée, comparativement à la voie d'eau, ne peut être au-dessous de 2 fr. 50 ; M. Rozet ne l'a portée qu'à 2 fr., parce qu'il n'a compté que pour 1 fr. 50 le fret sur wagons, de Chatonrupt ou Joinville à Donjeux ou Bologne, qui est réellement de 2 fr., minimum de la taxe. On n'est donc pas fondé à lui reprocher d'avoir exagéré, dans l'intérêt de la cause qu'il défendait, les frais de transport par la voie ferrée.

Page 41.
Cette fabrication pour les usines du Ht-Rognon et autres adjacentes entraine, une circulation :

1° pour les usines actuellement en feu de .... 82,120 ton.

2° pour les usines éteintes qui reprendraient leur mouvement.. 14,100

Ensemble... 96,220

Les usines situées sur le Rognon et ses affluents ne produisent pas annuellement plus de 10,000 tonnes de fonte et 18,500 tonnes de fer. Sur ces quantités, 7,000 tonnes de fonte et 8,000 tonnes de fer peuvent être attribuées aux usines d'Ecot, Rimaucourt, Manois et Montot formant le groupe du Haut-Rognon.

La production de ces 15,000 tonnes de fonte et de fer peut donner lieu à une circulation de 55 à 56,000 tonnes de matières, dont 10,000 ton. de houille environ. S'il existait une voie ferrée de Pagny à Bologne, en même temps qu'un canal entre Vitry et Bologne ou Rimaucourt, les usines du Haut-Rognon ne se serviraient pas du chemin de fer pour le transport d'un vingtième des cinquante-six mille tonnes de matières qu'elles mettent en mouvement, par plusieurs raisons : d'abord, parce que la plupart de ces matières ne circulent dans la direction qui serait donnée au chemin proposé ; en second lieu, parce que les matières qui suivent cette direction n'ayant à parcourir que de très-faibles distances, en partie sur essieux, l'économie réalisable par l'usage du chemin de fer, pour franchir le reste de la distance, ne compenserait pas les inconvénients d'un double transbordement; enfin, parceque l'emploi de la voie d'eau jusqu'à Rimaucourt et Manois serait beaucoup moins cher, pour le transport des minerais, des houilles, des fontes et des fers formant ensemble les 4/5es des matières à transporter, que ne le serait celui de la voie ferrée.

Si le canal demandé ne devait pas dépasser Donjeux, le chemin de fer de Pàgny à Bologne pourrait être employé au transport des 10,000 tonnes de houille que consomment les usines du Haut-Rognon. Ainsi que nous l'avons déjà reconnu, l'usage de cette voie permettrait d'économiser 47 c. par tonne, sur les frais de transport de la houille. Mais nous verrons bientôt qu'à défaut du chemin proposé, les usines du Haut-Rognon auront, dans un très-prochain avenir, un moyen d'amener la houille de Prusse jusqu'à elles, non moins économiquement que ne le ferait le chemin proposé.

Nous ne connaissons pas les éléments de la circulation que provoquent les groupes de l'Aujon et du Châtillonnais : si cette circulation a l'importance qui lui est attribuée par les auteurs de la pétition, la création d'un embranchement entre Châtillon et Chaumont qui ferait suite à la section du chemin de Blesmes à Gray, comprise entre Donjeux et Chaumont, et au canal de Vitry à Donjeux ou Bologne, répondrait à ses besoins, en conduisant jusqu'à Châtillon les houilles de Prusse, les minerais et les fontes de la Haute-Marne, moins chèrement que ne ferait une voie ferrée entre Pàgny et Bologne.

Si les maîtres de forges du Haut-Rognon et plus particulièrement ceux de Rimaucourt et Manois ne se servent pas du canal de la Marne au Rhin, pour transporter à Houdelaincourt les houilles qu'ils consomment, c'est par une cause étrangère aux conditions de la navigation sur ce canal. C'est uniquement parce que la voie d'eau *n'aboutit pas au bassin houiller* et que les houilles ont à franchir sur wagons, entre Sarrebrück et Frouard, une distance de *cent vingt-six kilomètres*, à raison de *six centimes par tonne et par kilomètre.*

Dans l'état actuel des choses, les houilles destinées à Rimaucourt ou Manois, qui seraient expédiées de Forbach à Frouard par la voie ferrée, et transportées de Frouard à Houdelaincourt par la voie d'eau, n'auraient à parcourir sur cette dernière que 64 kilomètres. Elles auraient à subir, pour atteindre leur destination, deux transbordements successifs, l'un à Frouard, l'autre à Houdelaincourt.

A dater du jour où le canal de la Sarre sera livré à la circulation, les frais de transport de Sarrebrück à Rimaucourt et Manois par Houdelaincourt seront les suivants :

Page 44.
Le port de Houdelaincourt n'est séparé des usines de Manois que par une distance de 32 à 35 kilomèt....
Après de nombreux essais, les usiniers ont dû renoncer à user du canal........

De la mine à Sarrebrück, en moyenne. . . . . » 60

Chargement sur les bateaux. . . . . . » 30

Frèt sur le canal de Sarrebrück à Houdelaincourt, 217 kilomètres à 0 fr. 02. . . . . 4 34

Menus frais au passage à Sarreguemines. . . » 10

Dépôt à Houdelaincourt. . . . . . . » 75

Bris de la houille résultant du déchargement de la houille à Houdelaincourt. . . . . . . » 30

Transport sur essieux de Houdelaincourt à Rimaucourt et Manois, en moyenne 35 kilomèt. à 0 fr. 18, prix actuel. 6 30

(Nous sommes persuadés que s'il existait une circulation de marchandises importante et régulière entre Houdelaincourt et les usines du Haut-Rognon, le transport des houilles sur essieux de Houdelaincourt à Rimaucourt et Manois ne coûterait pas, en moyenne, plus de 5 f.)

Total. 12 69

Les frais du transport de la houille, de Sarrebrück à Pàgny par la voie d'eau, et de Pàgny à Rimaucourt ou Manois par la voie ferrée, consisteraient moyennement :

En frais de transport de la mine à Sarrebrück, en moyenne . . . . » 60

Chargement sur les bateaux à Sarrebrück. . . » 30

En fret sur le canal 190 kilom. à 0 fr. 02 . . . 5 80

Menus frais au passage à Sarreguemines . . . » 10

Frais de déchargement, de dépôt et de surveillance à Pàgny. . . . . » 75

Bris de la houille résultant du transbordement à Pàgny. » 50

Chargement sur les wagons à Pàgny . . . . » 30

Droit de gare . . . . » 40

Fret sur le chemin de fer 68 kilom. à 0 fr. 06 . . 4 08

Frais de déchargement, de dépôt et de surveillance dans la gare d'arrivée. . . . . » 50

Transport de la gare aux usines, en moyenne . . 1 20

Total. . 12 33

Les calculs précédents prouvent que l'ouverture du canal de la Sarre mettra les usines de Rimaucourt et Manois en possession d'un moyen d'amener à elles les houilles de Prusse avec une réduction de 9 fr. 91 par tonne sur les frais de transport actuels qui s'élèvent pour ces usines à fr. 22.60 et non moins économiquement que ne le ferait un chemin de fer entre Pàgny et Bologne.

Le canal de Vitry à Donjeux réduira, au profit des mêmes usines les frais de transport du minerai de 6 fr. 75 par tonne de fonte et ceux de l'expédition des fers et des fontes à Vitry de 6 fr. 10. Il ne réduira au profit des usines de la Blaise et de Saint-Dizier, les frais du transport de la houille que de 4 fr. 20, ceux du transport des fontes et des fers que d'une même somme. — Comment en présence de ces résultats peut-on prétendre : 1° que *les conditions de la fabrication à Manois et Rimaucourt seraient plus avantageuses avec un chemin de fer qu'avec un canal;* 2° que *le prolongement jusqu'à Bologne du canal latéral à la Marne laisserait les usines du haut Rognon et autres dans la position où elles se trouvent déjà vis-à-vis du port de Houdelaincourt ?*

On reconnait, aujourd'hui, que les travaux de la Chambre de Commerce de Saint-Dizier n'ont pas été sans influence sur le vote de la loi qui a autorisé la création du canal de la Sarre; il est permis d'espérer que ses efforts pour obtenir le canal de Vitry à Donjeux, Bologne ou Rimaucourt ne seront pas sans résultat. Donc, la Chambre de Commerce de Saint-Dizier n'a pas plus négligé dans le passé, les intérêts industriels du Haut-Rognon qu'elle ne les abandonne dans le présent, qu'elle ne les sacrifie, pour l'avenir, à des intérêts rivaux.

Les frais de transport des minerais et du combustible contribuent beaucoup plus au prix de revient des fontes et des fers, que ceux du transport de la marchandise ; c'est pourquoi M. Rozet a fait ressortir l'importance des réductions qu'obtiendraient, principalement sur les premiers, les usines de Rimaucourt et Manois, par l'emploi du canal demandé. S'il eut agi autrement, on devrait l'en blâmer. M. Rozet n'a cependant pas négligé les réductions qu'on doit attendre de la voie nouvelle, en ce qui concerne les produits de l'industrie métallurgique, car, il a dit (page 5 de son mémoire) *que la canal demandé réduirait les frais de transport du fer jusqu'au canal de la Marne au Rhin de 5 fr. 25 par*

Page 12.
M. Rozet ne s'occupe que du prix du transport des matières premières, il ne dit pas un mot des produits fabriqués.

tonne. Cette somme de 5.25 représentant la moyenne de la réduction pour l'ensemble des usines est composée :

    1° De . . . . 2 fr. 75

équivalant aux frais de transbordement, de dépôt, de surveillance, de camionnage et de gare que supprimerait l'usage de la voie d'eau.

    2° De 2 50

que produirait, à raison de 0 fr. 05 par tonne et par kilom. la diminution du frêt sur un parcours moyen de 50 kil.

                                  Somme égale. . 5 25

Il est certain que si la suppression des frais de transbordement doit profiter à toutes les usines, sans exception, et à chacune d'elles également, la réduction du fret devant être proportionnelle à la longueur du parcours, sera pour toutes les usines du Rognon de 5 fr. 55 dans le cas où le canal s'arrêterait à Donjeux, tandis qu'elle ne sera que de 1 fr. 45 pour toutes celles qui sont situées sur la Blaise et sur le territoire de Saint-Dizier. Donc, suivant la déclaration de M. Rozet, le canal demandé serait plus utile aux usines du Rognon qu'à l'ensemble des usines de la Hte-Marne, *à fortiori*, qu'à celles de la Blaise et de la basse Marne, pour l'expédition des fers et des fontes, comme pour le transport des minerais.

Page 13.

D'un côté, les maîtres de forges de la Basse-Marne chargeront leurs produits sur le chemin de fer et les expédieront ainsi facilement, exactement, rapidement, sans frais accessoires, tandis que les maîtres de forges des groupes de Rimaucourt, Neufchâteau et Châteauvillain devront les expédier, sur essieux, à des distances moyennes de 25 à 40 kilomètres.

Les maîtres de forges de la basse Marne savent ce qu'on doit penser de la facilité, de la régularité, de la rapidité des expéditions par chemins de fer, ainsi que des frais accessoires à ces expéditions; c'est parce qu'ils le savent, qu'ils demandent que le prolongement dans le département de la Haute-Marne du canal latéral à la Marne leur permette de recevoir, par eau, les matières qu'ils emploient, et d'expédier de même les produits de leur fabrication.

Nous demandons ce prolongement jusqu'à Bologne ou Rimaucourt : 1° parce qu'en suivant la première de ces deux directions, la voie nouvelle passerait au pied des hauts-fourneaux situés sur la Marne entre Donjeux et Bologne, s'approcherait des vastes forêts d'Arc et Châteauvillain, porterait secours à quelques usines qui existent encore dans la voisinage de ces deux villes, beaucoup plus que ne le ferait un chemin de fer entre Pàgny et Bologne ; 2° parce qu'en remontant la vallée, si industrieuse du Rognon, le canal conserverait à des établissements importants leur activité, aux bois si abondants qui environnent ces établissements un peu de valeur, aux nombreux ouvriers qu'ils occupent, le travail et le pain de chaque jour.

Ce que les auteurs de la pétition appellent le *groupe de Neufchâteau* n'est plus, nous le disons à regret, qu'un souvenir du passé. Il n'est pas en notre pouvoir de transformer ce souvenir en une réalité.

Nous demandons pour notre pays un canal dans la vallée de la Marne, où se trouve déjà un chemin de fer, parce que ce chemin qui passe à la porte de la plupart de nos usines est impuissant à satisfaire leurs besoins. Que serait-ce d'un chemin entre Pàgny et Bologne par Neufchâteau !

Nous demandons pour notre pays un canal et non un chemin de fer, parce que le gouvernement a manifesté l'intention de réduire prochainement les droits de navigation applicables au transport de la houille à 25 millièmes, et que les frais de traction sur les canaux à eau dormante bien établis et bien alimentés comme l'est celui de la Marne au Rhin, comme le serait celui de la Haute-Marne, descendant souvent au-dessous d'un centime et demi, il est impossible d'obtenir sur une voie ferrée quelconque des transports à ces conditions.

On n'est pas encore parvenu, nous le reconnaissons, à prévenir les effets de la gelée sur les canaux, cependant les bateaux ne s'arrêtent plus, comme autrefois, à la première apparition de la glace et les interruptions de la navigation, par le froid, sont devenues beaucoup moins fréquentes. Nous avons vu des mariniers se réunir pour briser des glaces de 4 à 5 centimètres d'épaisseur et continuer leur voyage.

L'addition d'un canal aux voies de transport existantes n'aggraverait évidemment la position d'aucune usine. Les industriels qui ne voudraient pas se servir, même accidentellement, des voies actuelles, s'approvisionneraient en houille et minerai pour un ou deux mois, avant les froids, et l'intérêt du prix de ces matières, pendant un ou deux mois, serait loin de compenser l'économie obtenue par l'emploi de la voie d'eau.

Nous ne sommes plus au temps où l'on mettait les canaux en chômage, pendant deux ou trois mois, pour des réparations d'entretien. On exécute maintenant plus de travail en 15 ou 20 jours qu'on n'en faisait, il y a

Page 13.
Les canaux gèlent *souvent* ou manquent d'eau.
Quelle sera la position des usines desservies uniquement par le canal.

vingt ans, en deux mois. Nous en rendons grâce aux ingénieurs et à l'administration des ponts et chaussées.

Nous ne sommes plus au temps où les bateaux naviguaient à raison de 8 kilomètres par jour. Ils parcourent aujourd'hui de 20 à 30 kilomètres en 12 heures, et pour les transports rapides on emploie la vapeur, au moyen des bateaux à hélice, qui, marchant sans agiter l'eau, ne détruisent pas les berges.

En un mot, pour les transports des matières lourdes ou encombrantes et de peu de valeur, les canaux ont reconquis la supériorité économique que leur ont contestée, au début des chemins de fer, les promoteurs de ces voies nouvelles.

Page 13.
Le chemin de fer proposé a précisément pour objet principal, de permettre aux groupes d'usines que desservira cette ligne de s'approvisionner de minerai, soit dans les minières de la Moselle, soit dans celles de Vandœuvre.

Les minerais de la Moselle sont moins riches et moins bons que ceux de la Haute-Marne ; on en consomme près de 3 t. 1/2 par tonne de fonte. Pour employer les minerais de la Moselle à Rimaucourt ou Manois, il faudrait ajouter à leur valeur vénale qui dépasse généralement 3 fr. par tonne, des frais de transport qui ne seraient pas au-dessous de 9 fr. La fonte qui serait fabriquée à Manois ou Rimaucourt avec du minerai de la Moselle coûterait beaucoup plus que la fonte produite sur les mêmes points, avec des minerais de Joinville ou Chatonrupt, et lui serait très inférieure en qualité. Nous n'ignorons pas que les forges de la Haute-Marne ont à redouter la concurrence des forges de la Moselle. C'est précisément afin de mettre les premières en état de lutter avec succès que nous demandons, depuis longtemps, et ne cesserons de demander l'allégement des charges dont elles sont grevées, la création de voies de transport économiques à leur usage. L'emploi du minerai de la Moselle les perdrait au lieu de les sauver.

Il serait moins irrationnel de transporter le charbon de la Haute-Marne dans la Moselle que de transporter dans la Haute-Marne le minerai de la Moselle, puisqu'on ne consomme qu'une tonne un quart de combustible végétal pour fondre 3 t. 1/2 de minerai de la Moselle et produire une tonne de fonte. Mais d'abord, le charbon qui serait transporté de la Haute-Marne dans la Moselle y arriverait avec une augmentation de prix équivalente à 9 ou 10 fr. par tonne, montant des frais de transport. La fonte *fabriquée au charbon de bois avec le minerai de la Moselle* est moins propre à la refonte que la fonte provenant du même minerai *fondu au coke*. Elle n'est pas beaucoup meilleure pour l'affinage. L'emploi des charbons de la Haute-Marne pour la production de la fonte dans la Moselle où le bois ne manque pas, est donc impossible commercialement ; aussi, voyons-nous, chaque année, les maîtres de forges de la Haute-Marne aller chercher des charbons de bois sur les confins du département de la Moselle, et n'avons-nous jamais vu les maîtres de forges de la Moselle venir prendre des charbons dans la Haute-Marne.

Secondement, l'exportation dans la Moselle des charbons de la Haute-Marne *ne serait pas un moyen de conserver l'industrie métallurgique dans nos contrées et du travail à nos populations ouvrières*. Cette exportation ne serait pas plus utile aux propriétaires de bois qu'aux propriétaires et aux maîtres de forges de notre pays, puisque le transport soit des minerais, soit des charbons de la Haute-Marne, aux usines du même département qui manquent des uns ou des autres, est moins cher que ne le serait le transport des mêmes matières de la Haute-Marne dans la Moselle et réciproquement.

Enfin, s'il arrivait que l'exportation, soit des minerais de la Moselle dans la Haute-Marne, soit des charbons de la Haute-Marne dans la Moselle, devint nécessaire, les canaux de la Sarre et de la Marne au Rhin fourniront désormais un moyen d'y pourvoir plus économiquement que par la construction d'un chemin de fer entre Pàgny et Bologne.

Ce qu'il faut au département de la Haute-Marne, dans l'intérêt de toutes ses industries, de la propriété forestière et du sol cultivé, ce sont, d'une part, des hauts-fourneaux aussi rapprochés que possible des minières, eu égard aux exigences de la métallurgie et à la nature des voies de communication existantes ou à créer.

De l'autre, des laminoirs placés de telle manière qu'ils puissent recevoir la fonte et la houille à peu de frais, fabriquer à bas prix et expédier leurs produits à des conditions aussi douces que possible.

La création d'un canal entre Vitry et Bologne ou Rimaucourt aurait cet heureux résultat, que les bienfaits de cette voie nouvelle seraient les plus grands que nous puissions espérer, qu'ils s'étendraient à tous, et se proportionneraient, en quelque sorte, aux besoins de chacun.

Les minerais de vandœuvre sont peu connus et peu employés ; nous craignons que leur qualité ne comporte pas leur transport à de grandes distances et qu'une partie des considérations que nous avons développées, au sujet des minerais de la Moselle, ne leur soit applicable. Les minerais de Vendœuvre peuvent, dès à présent, arriver sur wagons dans toutes les usines situées entre Chaumont et Joinville. Pourquoi n'y viennent-ils pas? Pourquoi leur préfère-t-on les minerais de Chatonrupt, Thonnance et Wassy? Parceque ces derniers sont meilleurs, plus fusibles et moins chers. Il ne serait pas prudent de compter sur l'exploitation des minerais de Vendœuvre, pour fournir à un chemin de fer une quantité notable de matières transportables.

Page 14.

Il y a aussi près Clefmont et dans les environs de Langres, des minières nouvellement découvertes; il y en a d'anciennes à Prez-sous-la-Fauche, Manois et Marault, sur le passage du chemin de fer projeté.

Les minières de Marault sont, à peu près, épuisées ; leurs produits sont maintenant si pauvres, que les fourneaux qui en sont le plus près s'alimentent principalement en minerais de la Blaise. Il ne faut pas songer à transporter au loin les minerais de Marault.

Ceux de Prez sous-la-Fauche et de Manois, très anciennement connus, mais non employés, sont probablement trop peu abondants, trop pauvres, trop chers ou de trop mauvaise qualité pour être exploités, puisque les hauts-fourneaux les plus voisins de leurs gisements ont été successivement éteints, et que les usines de Manois n'en usent pas.

On peut en dire autant des minerais, *nouvellement découverts*, disent les auteurs de la pétition, dans les environs de Langres et de Clefmont. La découverte de ces minerais a précédé l'extinction de plusieurs hauts-fourneaux situés entre Chaumont et Langres. Cette extinction caractérise l'opinion que les hommes les plus compétents ont conçu des minerais dont s'agit, et suffit pour dissiper les illusions qui ont séduit quelques esprits.

Page 14.

Les gisements de minerais les plus importants de la basse-Marne appartiennent aux principaux maîtres de forges de cette localité, peu disposés

Sauf les minières du Cte de Chambord, nous ne connaissons entre Joinville et Saint-Dizier qu'un gisement de minerai considérable, celui de Chatonrupt. La majeure partie de ce gisement est entre les mains du propriétaire des usines de Manois. Le surplus est exploité par différents propriétaires de hocards, qui livrent aux usines situées sur la Marne, au-dessus de Joinville et dans la vallée du Rognon, la presque totalité des minerais préparés dans leurs ateliers. C'est pourquoi une voie navigable entre Chatonrupt et Bologne ou Manois serait si utile aux usines sus-indiquées. à les céder à d'autres industriels.

Nous serions heureux que notre richesse minérale se fut accrue, par la découverte récente, sur un point quelconque du département, de minièresex ploitables et jusqu'alors ignorées. Nous verrions, dans ce fait, un nouveau motif de créer le canal de Vitry à Bologne ou Rimaucourt, car nous sommes profondément convaincus que ce canal serait utile *à tous, sans exception*, et particulièrement, nous ne saurions trop le répéter, aux propriétaires de bois. Ce qui menace, en ce moment, la propriété forestière, ce n'est pas une coalition imaginaire des maîtres de forges, prochainement réduits à un petit nombre, et s'unissant pour exercer un monopole à leur profit; c'est l'anéantissement complet de l'industrie métallurgique dans le département de la Haute-Marne. Nous avons indiqué le canal de Vitry à Bologne ou Rimaucourt comme le complément indispensable des mesures propres à prévenir cet anéantissement qui ne tarderait pas à prendre dans nos campagnes et dans nos ateliers les proprotions d'un grand malheur public. Nous nous félicitons, à ce point de vue, qu'on nous ait imposé l'obligation d'examiner de nouveau la question, de l'élucider d'avantage par la discussion des chiffres qui nous été opposés et de fortifier ainsi nos convictions personnelles. Ces convictions se propagent de jour en jour.

Page 45.
Comprend on toute la propriété boisée du département de la Hte-Marne dont les produits seraient absolument à la merci de 8 ou 10 usines.

La plupart des propriétaires des bois situés dans le département de la Haute-Marne et dans les départements limitrophes, ont demandé l'exécution du canal de Vitry à Bologne ou Rimaucourt.

Quelques uns des maîtres de forges de l'Est et du Sud de la Haute-Marne, qui n'avaient pas d'abord approuvé ce projet, s'y sont franchement ralliés, lorsqu'ils en ont reconnu la haute utilité, lorsqu'ils y ont vu l'intérêt véritable de notre principale industrie, et nous n'hésitons pas à le dire, l'intérêt du département tout entier.

Les maîtres de forges de la Blaise qui, eux aussi, avaient cru voir ailleurs que dans l'accomplissement de nos vœux, la satisfaction de leurs intérêts particuliers, viennent d'adresser spontanément à Sa Majesté, une pétition dont l'objet est de solliciter l'exécution immédiate du canal de la Haute-Marne.

Espérons qu'avant très peu de temps, il n'y aura qu'une voix dans le département pour remercier le gouvernement de l'Empereur d'être venu au secours de nos contrées, autant qu'il dépendait de lui de le faire, sinon en soulageant nos souffrances actuelles, du moins en mettant un terme à leur durée.

Les Membres de la Chambre de Commerce.

J. Rozet, *président et rapporteur.*
J. Becquey, *secrétaire.*
Bourdon-Trancart, *trésorier.*
Drouot.
Magnin.
Ory-Boulainvaux.
Paquot.
G. Varnier.

Saint-Dizier, 10 Juillet 1860.

Imprimerie et lithographie de O. SAUPIQUE, à Saint-Dizier.

ANNEXES

AUX DEUX MÉMOIRES

DE LA

Chambre de Commerce de Saint-Dizier

sur le

PROLONGEMENT DANS LE DÉPARTEMENT DE LA HAUTE-MARNE

du canal latéral à la Marne

ANNEXES

Première annexe. — Pétition du Comité de Chaumont.

A SA MAJESTÉ NAPOLÉON III, EMPEREUR DES FRANÇAIS,
Le Maire de la ville de Chaumont (Haute-Marne), et les membres du comité par lui institué.

SIRE,

La lettre que vous avez adressée, le 5 janvier dernier, à votre ministre d'Etat, a inauguré une ère nouvelle.

Aprés avoir rendu à la France le calme et la confiance, il vous était réservé de la replacer au premier rang des puissances militaires ; puis il vous appartenait d'assurer son bien-être matériel en lui procurant à bas prix les matières premières.

Tel est, Sire, le noble but que poursuit en ce moment Votre Majesté, et tous en tant qu'il dépendra de nous, nous serons heureux de seconder vos généreuses intentions.

Mais avant que vos justes espérances se réalisent, d'immenses intéréts vont malheureusement se trouver froissés.

L'industrie métallurgique, si importante dans le département de la Haute-Marne, est gravement compromise. La valeur de la propriété boisée, l'une des principales ressources du pays, est sensiblement amoindrie.

Cette transition du passé à une vie nouvelle, Votre Majesté l'a comprise ; aussi, pour en pallier les résultats, courant au-devant des populations, vous avez daigné promettre que Son Excellence M. le Ministre des Travaux publics ferait exécuter, le plus tôt possible, les voies de communication nécessaires pour amener sur les lieux, là où l'agriculture et l'industrie les réclamaient, les matières de première nécessité.

C'est, Sire, votre sollicitude pour nos intéréts qui nous engage à vous demander la création d'une section de chemin de fer de Pâgny-sur-Meuse, se dirigeant à Châtillon-sur-Seine, reliant entr'elles les lignes de l'Est et de Lyon.

Permettez-nous d'exposer succinctement à Votre Majesté les avantages qui résulteraient de cette construction pour la Haute-Marne et les départements limitrophes.

Par un premier bienfait, vous nous avez accordée la voie de Blesmes à Gray ; les usines qui se trouvent à proximité ont pu jusqu'alors et grâce à vous se soutenir.

La nouvelle faveur que nous sollicitons en ce moment, aurait pour résultat de conserver la vie et le mouvement à tous les établissements que les mesures récentes viennent de frapper et qui menacent de s'éteindre. Elle ranimerait d'anciennes usines qui, trop éloignées, n'avaient pu jusqu'alors profiter de votre première concession.

De Pàgny-sur-Meuse et en se dirigeant par Neuchâteau à Bologne, la section réclamée emprunterait la ligne de Blesmes à Gray jusqu'à Chaumont, et depuis cette ville la ligne de Mulhouse jusqu'à Bricon, vers Châteauvillain et Châtillon.

Or, c'est à Pàgny-sur-Meuse que les houilles de Prusse, indispensables à nos nombreuses usines, leur sont adressées, et elles ne parviennent à destination, à Bologne, par exemple, qu'après avoir parcouru une distance de 167 kilomètres, qui serait réduite à moitié, si la ligne en question était exécutée. Alors les résultats seraient les suivants :

167 kil. (distance actuelle) à 0,05 c. par kilomètre et par tonne, donnent pour transport . . . . 8 fr. 35

Si, de Pàgny-sur-Meuse à Bologne par Neuchâteau, la voie nouvelle était créée, il ne resterait plus à parcourir que 87 kilom. qui, à 0,05 c. par tonne, feraient . . . 4   55

                Economie certaine 4   »

Mais, Sire, on obtiendrait encore des résultats plus avantageux s'il s'agissait d'usines intermédiaires, et pour ne pas abuser de vos instants et ne parler que des plus importantes, Rimaucourt ou Manois, voici les chiffres qui seraient obtenus :

L'usine de Manois brûle annuellement 6,000 tonnes de houille : de Pàgny par Blesmes et Donjeux où il faut décharger le combustible pour le conduire en voiture à destination, il y a par voie ferrée un parcours de 146 kil. à 0,05 c., ci . . . . 7 fr. 30

De plus, de Donjeux à Manois, en voiture 24 kil. . . 5   50

    La tonne coûte donc de transport à l'usine . . 12   80

Si le chemin de fer réclamé était construit, de Pàgny à Manois, il n'y aurait plus que soixante-huit kil. et à 0,05, la tonne ne coûterait plus de transport que . . . . 5 fr. 40 qui, calculés sur 6,000 tonnes, consommation annuelle de l'usine, procureraient une économie de 56,400 francs.

Et ce résultat, Sire, ne serait pas le seul qui pourrait être obtenu, car le transport des fontes à l'usine et la réexpédition des fers procurerait une économie de 40,000 francs.

Ces chiffres ont leur signification et mieux que nous, Sire, vous saurez les apprécier. Le plus éloquent de tous les raisonnements, c'est de faire connaître à Votre Majesté le nombre des usines à fer qui conserveront et reprendront l'existence et le mouvement par suite de la ligne que nous sollicitons.

Cent quinze établissements y sont intéressés ; leur produit moyen doit être évalué au minimum à 100,000 tonnes, sur lesquelles l'économie moyenne sera de 20,000 francs par 1,000 tonnes de fabrication, ou 20 francs par tonne, représentant au total deux millions de francs.

En sauvant ces usines, vous maintenez le travail de nos populations ouvrières et vous sauvez également les propriétés forestières qui sont, pour la plus grande partie, possédées par l'État et les communes.

En ce qui concerne l'agriculture, notre département aurait singulièrement à gagner à la réalisation de la mesure proposée, car alors en communication directe avec les deux grandes lignes de l'Est et de Lyon, il lui serait possible d'obtenir, à de moindres frais, les engrais et autres matières premières qui nous manquent et, par suite, de doubler la somme de nos produits.

Vous voulez, Sire, la France grande et forte, vous ambitionnez pour elle le bonheur et la prospérité, et pour donner à tous la vie à bon marché vous voulez réaliser les problèmes les plus difficiles de l'économie politique.

Bien que frappés dans leurs intérêts, les habitants de nos contrées, pleins de confiance dans la haute sagesse de Votre Majesté, vous supplient donc de décréter la création d'un chemin de fer de Pàgny-sur-Meuse à Châtillon-sur-Seine.

Cette section, d'ailleurs, ne restera pas isolée dans l'avenir si, comme tout l'annonce, on reconnaît plus tard la nécessité de la création d'une grande ligne transversale de l'Océan vers l'Allemagne.

L'adoption de cette mesure mettra la principale industrie de la Haute-Marne en position de seconder vos généreuses intentions, et ne fera qu'accroître notre bien vive et sincère reconnaissance pour Votre Majesté.

Nous avons l'honneur d'être avec le plus profond respect,

Sire,

de Votre Majesté,

les très humbles et très obéissants

serviteurs et sujets.

Chaumont, 8 mars 1860.

Ont signé Messieurs :

PÉTIT,	ancien maire, juge au Tribunal, membre du Conseil général et du Conseil municipal de Chaumont ;
LE COMTE,	juge, membre du Conseil général ;
PARISOT,	juge de paix du canton de Vignory, membre du Conseil général ;
SYMON,	mandataire général de M. de Beurges, maître de forges, membre du Conseil général ;
DE VANDEUIL,	ancien représentant, membre du Conseil général ;
DORMOY,	maire d'Orquevaux ;
MARESCHAL,	ancien maire, président du Conseil de l'arrondissement ;
MION,	ancien maire, président du Tribunal de Commerce ;
CASSOT,	avocat, secrétaire du Conseil d'arrondissement ;
DUVAL DE FRAVILLE,	ancien député, ancien maire de Chaumont ;
ROMANET,	maire de Riaucourt, mandataire de MM. Lafont, maîtres de forges ;
F^nd DORMOY,	maître de forges à Rimaucourt ;
TRESFORT,	maire de Châteauvillain ;
GODINET,	maire de Chaumont, président du Comité.

POUR COPIE CONFORME :

Pour le maire de Chaumont et l'adjoint empêchés,

Le Membre du Conseil municipal,

Signé : PETIT.

Deuxième Annexe.

EXAMEN *des chiffres et calculs de M.* Rozet, *pour établir les prix de transports comparatifs entre la voie d'eau exécutée jusqu'à Bologne et le chemin de fer de Toul à Châtillon, aussi exécuté jusqu'à Bologne.*

La manière la plus loyale d'examiner des calculs et de les contrôler, c'est de mettre en regard des calculs rectificatifs, ceux qui sont rectifiés. Nous transcrirons donc en face des calculs de M. Rozet ceux que nous lui opposons, il sera ainsi plus facile d'apprécier de quel côté est la vérité.

Mais avant de faire ce rapprochement, nous devons présenter quelques observations générales sur les bases que M. Rozet a jugé à propos d'adopter.

1° M. Rozet établit son calcul pour le transport par la voie d'eau, depuis Toul ou Pâgny jusqu'à Bologne, sur un parcours de 158 kilom., il nous permettra de relever ici de sa part une erreur considérable.

Voici les distances qui séparent réellement Toul de Bologne, par la voie d'eau :

1° De Toul à Vitry, 131 kilomètres (chiffre indiqué par l'ingénieur du canal), ci . . . . 131 kil.

2° De Vitry à Saint-Dizier (à cause des sinuosités de la rivière), 35 kilomètres (chiffre également indiqué par l'ingénieur du canal), ci 35

A *Reporter* . . . 166 kil.

Report . . .   166 kil.

3° De Saint-Dizier à Joinville (en supposant que la voie d'eau n'ait pas plus d'étendue que la route de terre qui est très directe), 52 kilomètres, ci   52

4° De Joinville à Bologne (avec la même observation que pour Saint-Dizier à Joinville), 35 kilomètres, ci . . .   35

Total entre Toul et Bologne   231

138

D'où il suit de la part de M. Rozet une erreur sur la distance à parcourir de . . . .   73 kil.

2° M. Rozet prend toujours pour base de ses calculs, quand il s'agit d'évaluer le frêt de la houille par chemin de fer, le prix de transport, à raison de 0,06 par tonne et par kilomètre. Ceci n'est pas sérieux. D'abord le frêt actuel n'est que de 0,05 et en présence des déclarations de la Compagnie qui, s'il n'y a pas de canal, a offert et offre de descendre son tarif à 0,04 par tonne et par kilomètre, nous continuerons à prendre pour base des calculs que nous opposons à M. Rozet, le tarif de 0,04 qui est aujourd'hui un fait acquis, ajoutant même que nous conservons l'espoir que dans les négociations à intervenir, le Gouvernement qui désire nous venir en aide, obtiendra de la Compagnie de l'Est l'abaissement de ce tarif à 0,03 1/2 (tarif admis pour les houilles par la ligne du Nord).

3° M. Rozet, pour les transports sur essieux, pose comme tarif moyen 0,18 par tonne et par kil. Nous doutons qu'aucun marché de transport de quelqu'importance ait été fait à ce taux, qui, dans tous les cas, ne serait pas rémunérateur. Il est possible cependant qu'on traite à des prix analogues (0,18, 0,20 et 0,22) pour le transport des minerais, quand il s'agit de conduire ce minerai du lieu d'extraction au bocard, ou du bocard à l'usine ; mais il faut remarquer qu'il s'agit, dans ce cas, de très courtes distances, que le conducteur dirige plusieurs tombereaux et que lui, non plus que ses chevaux, ne prennent jamais rien à l'auberge, et rentrent à domicile pour toutes les haltes. On conçoit donc, dans ces conditions, des prix moins élevés ; mais pour les transports plus longs, lorsqu'il y a découché et surtout en raison des prix si constamment élevés des fourrages et des frais d'auberges, il faut, à moins de circonstances exceptionnelles, revenir aux prix admis par les statistiques, de 0,50 par tonne et par kilomètre ; il le faut d'autant plus que chacun sait qu'à certaines époques de l'année les voituriers sont plus exigeants. Ainsi, pendant les semailles, pendant les fauchaisons, pendant les moissons, pendant les mauvais temps d'hiver, quand la traction est plus difficile, et comme le mouvement d'une usine exige une circulation presque continue, quand une commande doit être livrée, il faut la faire conduire à tout prix.

Au surplus, si le chiffre de 0,18 de M. Rozet était malheureusement admis, ce serait la ruine des entrepreneurs de transports, et quand on fait la statistique d'une industrie, on ne peut prendre comme base que des prix qui assurent l'existence des ouvriers ou agents à employer.

Nota. — Il est difficile d'apporter sur ce point des justifications absolues, parce que tous les marchés de transports ont lieu de gré à gré. Cependant, nous avons pensé que nous trouverions une grande analogie dans le prix des transports, résultant des adjudications faites par l'administration des ponts et chaussées pour la fourniture des matériaux d'entretien des routes impériales et départementales, dans l'arrondissement du Nord du département de la Haute-Marne (qui comprend St-Dizier, Joinville, Wassy, Chaumont); le prix moyen accordé par tonne et par kil. est de 0,40 (voir le certificat de l'ingénieur, pièce justificative n° 1). Dans l'arrondissement du Nord du département de la Marne , qui comprend Vitry, etc., le prix moyen, également par mille kilog. de matériaux et par kilom., est de 0,49 (voir le certificat de l'ingénieur, pièce n° 2).

Après ces observations, posons les chiffres comparatifs et en suivant le même ordre que M. Rozet :

Extrait du Mémoire de M. ROZET.

—

Le Transport de Pàgny à Bologne, moins cher par le canal que par le chemin de fer proposé.

Transport de la houille de Pàgny à Bologne par le chemin de fer proposé.

1° Transbordement et commission à Pàgny 0 75
2° Bris de la houille résultant du transbordement. 0 30 } 1 75
3° Chargement sur les wagons . . . . . 0 30 }
4° Droit de gare . . 0 40
5° Frèt sur la voie ferrée à 0 06
et probablement plus à cause de la faible distance 87 kilom. à 0 06   5 22

Total des frais par la voie ferrée . . . .   » 6 97
Par le canal demandé 158 kil. à 0,02 . . .   » 3 16

Différence en faveur de la voie d'eau . . . .   » 3 81

Le Transport de Toul ou Pàgny à Bologne, moins cher par le chemin de fer proposé de Toul à Châtillon que par le canal aussi proposé de Toul à Bologne.

Transbordement et commission à Pàgny.

Cet article et les trois suivants sont une pure fiction de la part de M. Rozet ; il connaît trop les principes d'économie commerciale pour supposer que les usines, desservies par la nouvelle voie de fer, feront le transport de leurs marchandises mi-partie par voie d'eau et mi-partie par voie ferrée ; ce serait se condamner, sans avantage appréciable, à supporter des conditions plus dures de la Compagnie du chemin de fer, et cela aurait d'ailleurs une foule d'autres inconvénients ; enfin cela n'est pas sérieux. Les frais de transbordement, si minutieusement indiqués, se borneront donc à un mouvement d'aiguille, qui dirigera les wagons venant de Saarbruck de la ligne de Strasbourg sur celle de Châtillon.   NÉANT.

5° Fret sur le chemin de fer à 0,04 par tonne et par kilomètre, sur une distance de 87 kilomètres, donnant   3 48

Nous pourrions bien chicaner M. Rozet sur la distance de 87 kilomèt., car le chemin de fer raccourcira beaucoup sur la voie de terre, et, d'après les études provisoires en cours d'exécution, la distance ferrée entre Toul et Bologne ne sera probablement que de 78 kil. à 80 kil. ; mais s'agissant d'une ligne non encore tracée et sur l'étendue de laquelle il peut y avoir quelque incertitude, nous nous bornons à mentionner ce détail.

Total des frais par la voie ferrée   3 48

Report. .	3 48	

Par le Canal demandé. ·

1° 35 kilomètres de remonte en rivière, depuis Vitry à Saint-Dizier, à 0,034 domnent. . . . 1 19

2° 196 kil., en simple ca- nal, à 0,02 donnent . . 3 92

3° Frais de déchargement seulement à la charge de l'expéditeur 0 50

Total . . . 5 41 5 41

1 93

Différence au profit du chemin de fer 1 93

équivalant à près de 40 p. %.

Nous devons en outre faire remarquer que dans la nomenclature des frais de transport par la voie d'eau, M. Rozet omet une circonstance de dépense assez considérable, celle d'un parc de stationnement au port d'arrivée et d'un agent à demeure pour recevoir les arrivages, vérifier l'état et la quantité des marchandises, payer le prix des transports, surveiller le déchargement, puis les expéditions sur essieux à effectuer par convois particuliers, suivant les occasions et dont le mouvement exige une comptabilité et un registre d'ordre spéciaux.

Il n'y a pas pour un canal, comme pour un chemin de fer, une gare d'arrivée avec des employés comptables, des quantités reçues et ensuite expédiées ; il faut donc que le maître de forges y supplée à ses frais, et quand l'usine n'est pas contiguë au canal, c'est une organisation onéreuse à créer.

---

*Les frais de transport de Pàgny à Rimau-
court et Manois égaux sur l'une et l'autre
voie.*

—

Le transport de la houille de Pàgny à Rimaucourt coûterait :

Par le chemin de fer proposé.

1° Pour frais de transbordement et commission à Pàgny, bris de la houille, résultant
du transbordement, chargement des wagons et
droits de gare 1 75

2° Frêt sur la voie ferrée de Pàgny à la gare la plus rapprochée des
usines, 68 kilom. (distance supposée par les auteurs de la pétition),
à 0,06 . . . . 4 08

3° Transport de la gare à l'usine. 1 20

Total des frais de transport par la
voie ferrée 7 03

Par le Canal demandé.

1° De Pàgny à Donjeux, 140 kil.
à 0,02, donnent. . . . 2 80

2° De Donjeux à Rimau-
court ou Manois, par terre,   7 12
environ 24 kil. en moyenne,
à 0,18. . . . . . 4 52

Ce transport s'exécuterait à moins de 0,18
parcequ'il existerait des marchandises à transporter à sens contraire ; d'un côté, les houilles,
fontes et minerais ; de l'autre, les fers, planches et charbons de bois. Le transport des
houilles, de Pàgny à Manois et Rimaucourt ne
serait donc pas moins cher par le chemin de fer
proposé que par le canal.

*Les frais de transport de Pàgny à Rimau-
court et Manois, bien plus chers par la
voie d'eau que par le chemin de fer.*

Par le chemin de fer proposé.

1° Pour frais de transbordement par les raisons déjà données dans les observations ci-
dessus . . . . NÉANT.

2° Frêt de la voie ferrée sur 68 kil.
à 0,04 par tonne et par kil. donnant   2 78

3° Transport de la gare à l'usine
(les usines de Rimaucourt et Manois
se trouvant directement placées sur
le passage du chemin de fer, y seront
reliées par quelques centaines de mètres de rails, ainsi que le sont déjà
quelques usines placées entre Joinville et Saint-Dizier) ; ainsi les wagons se chargeront et se déchargeront
aux usines, sans frais de transbordement. Cependant, il en résultera toujours un travail supplémentaire ,
qu'on peut évaluer au maximum à
0,30 par tonne, ci 0 30

Total des frais de transport par la
voie ferrée 3 08

Par le canal demandé.

OBSERVATION. M. Rozet, dans son
premier paragraphe, avait calculé le
prix du transport par voie d'eau jusqu'à Bologne, et dans le second il
semblait rationnel et d'ailleurs conforme aux dispositions topographi-
ques des lieux, qu'il continuât à établir ses calculs jusqu'au même point,
mais cette fois il s'arrête à Donjeux,
nous faisons de même.

A reporter. . 3 08

Report . .   3 08

1° De Toul à Vitry . .   151 kil.

2° De Vitry à St-Dizier.   35 »

3° De St-Dizier à Donjeux . . . .   43 »

Total. . .   209 »

dont 174 kil. en simple canal, à 0,02, donnent . .   3 48

Et 35 kil. de remonte en rivière, à 0,34, donnent .   1 19

Frais de déchargement, de surveillance et de dépôt à Donjeux , à 0,50 par tonne, ci 0 50

Bris de la houille et déchet résultant du transbordement, à 0,30, ci. . .   0 30

Transport sur essieux de Donjeux à Rimaucourt ou Manois, en raison de la position exceptionnelle de ces usines , évalué , aussi par exception , au taux minimum de 0,25 par tonne et par kilom., ci 6 00

Total . . .   11 47   11 47

Différence en faveur du chemin de fer 8 39

Ce chiffre est assez éloquent et il est inutile d'ajouter aucun commentaire pour en faire ressortir les décisives conséquences.

Condition de la fabrication à Rimaucourt ou Manois.

Nous allons faire voir combien, sous d'autres rapports, la voie d'eau serait plus avantageuse pour les usines de Rimaucourt et Manois que ne le serait la voie ferrée.

Condition plus avantageuse de la fabrication à Rimaucourt ou Manois avec un chemin de fer qu'avec un canal.

Nous ne nous occuperons de ce paragraphe du mémoire de M. Rozet que pour rectifier ses

Il n'existe pas de minerai de fer à proximité de ces usines ; tous les hauts-fourneaux placés soit sur la Marne, au-dessus de Joinville, soit sur le Rognon, sont alimentés presqu'exclusivement avec des minerais provenant des minières situées au-delà de Joinville et même au-delà de Wassy-sur-Blaise.

Les usines de Rimaucourt et Manois s'approvisionnent principalement à Thonnance ou Joinville et Chatonrupt.

Les frais du transport de ces minerais, de l'atelier qui les prépare à l'usine qui les emploie, peuvent être appréciés en moyenne et approximativement, ainsi qu'il suit :

	Par le chemin de fer.	Par le canal.
1° De l'atelier au canal . . .	» »	1 »
à la gare du chemin de fer. . .	1 50	» »
2° Droit de gare . . .	» 40	» »
3° Du point d'embarquement jusqu'à Donjeux ou Bologne, 25 kil. à 0,02 . .	» »	» 50
De la gare de chargement à celle de Donjeux ou Bologne, environ 25 kil. à 0,06 au moins	1 50	» »
4° De Donjeux ou Bologne à l'usine (transport par terre)	4 50	4 50
5° Déchet sur la marchandise résultant des déchargements et rechargements successifs, ainsi que du transport par voitures, environ au minimum . .	» 60	» 50
Totaux . . .	8 50	6 50

calculs comparatifs, relativement au transport des minerais, soit par la voie d'eau, soit par la voie ferrée.

	Par le chemin de fer.	Par la voie d'eau.
1° De l'atelier au canal . . .	» »	1 »
à la gare du chemin de fer . .	1 »	» »
(Le chemin de fer étant plus rapproché des mines de Chatonrupt que le canal, nous ne voyons pas pourquoi M. Rozet évalue ce déplacement par voie ferrée à 1 fr. 50 c.)		
2° Droit de gare . . .	0 40	» »
3° Droit de dépôt et frais de surveillance sur le port d'embarquement . . .	» »	» 20
4° Du point d'embarquement jusqu'à Bologne . 33 kilom. (en supposant l'embarquement fait à Joinville à 0,02).	» »	» 66
De la gare de Chaumont à celle de Manois (en supposant le chemin de fer de Toul à Châtillon exécuté), 47 kilom. à 0,04 par tonne et par kil. (prix maximum pour le minerai)	1 88	» »
5° De Bologne à Manois en transports sur essieux 21 kil. à 0,25 par tonne et par kil.	» »	5 25
6° Déchet sur la marchandise résultant des déchargements et recharge—		
A Reporter . .	5 28	7 11

Report . . .	3 28	7 11
ments (ceci intéresse prin-		
cipalement le canal qui de-		
vra, à Bologne, transborder		
la marchandise , du bateau		
sur des camions, tandis que		
le chemin de fer ira de Join-		
ville sans transbordement		
aucun à Manois ou Rimau-		
court	» 20	» 50
7° Frais de chargement		
et de déchargement à la		
charge de l'expéditeur . .	» »	» 60
Totaux. . .	3 48	8 21
		3 48
La différence en faveur		
du chemin de fer est donc		
de.		4 73

Tous les calculs que fait M. Rozet pour démontrer que la fabrication du
fer est plus onéreuse à Rimaucourt et Manois qu'à Joinville ou au Clos-
mortier n'étant fondés que sur la différence des prix de transport tels
qu'il les établit, et cette base étant reconnue inexacte, il est inutile de
s'en occuper. Disons cependant qu'il traite d'une façon trop dédaigneuse
la fabrication des groupes d'usines qui ne sont pas dans la vallée de la
Marne et qu'il est bon de dire que cette fabrication pour les usines du
Haut-Rognon et autres adjacentes entraîne une circulation, savoir :

1° Pour les usines actuellement en feu de . . . 82,120 ton.

2° Et pour les usines éteintes, mais qui reprendraient
leur mouvement aussitôt que le chemin de fer serait fait,
une circulation de 14,100 tonnes, ci 14.100

Ensemble. . . . 96,220

Ajoutons que cette circulation considérable, si on l'augmentait des
transports des groupes de l'Aujon et du Châtillonnais, serait du double,

ce qui certainement constitue un mouvement industriel d'une importance hors ligne (voir pièces justificatives nᵒˢ 5 et 4).

Au surplus, personne ne conteste que les groupes plus éloignés des minerais sont moins avantageusement placés que ceux qui en sont plus rapprochés, et c'est précisément pour faire disparaître cette inégalité de situation que nous sollicitons la concession d'un chemin de fer.

Si le canal avait dû produire ce résultat, ce serait aujourd'hui un fait acquis ; en effet, le canal de la Marne au Rhin a une section d'embranchement qui forme un port à Houdelaincourt (Meuse), et ce port n'est séparé des usines de Manois que par une distance de 32 à 35 kil. environ ; tandis que la même usine est séparée de Donjeux, où elle trouve le chemin de fer, par une distance de 50 kil. Or, si le canal, avec cette égalité de distance, avait dû sauver ces groupes d'usines, elles seraient, depuis environ dix ans, en pleine prospérité.

Cependant, après de nombreux essais, après des tentatives de divers genres, les usiniers, meilleurs appréciateurs de leurs intérêts que personne, ont dû complètement renoncer à user de cette nouvelle voie. L'expérience est donc faite, et les retards dans les arrivages ou dans les expéditions, la lenteur du mouvement d'un canal, les interruptions de la circulation au moment où on a le plus besoin de matières premières, conduisent à des mécomptes et à des embarras tout à fait incompatibles avec les habitudes actuelles du commerce.

Comment M. Rozet qui connaît parfaitement ces inconvénients, et qui sait aussi que toutes les espérances qu'avait fait naître le port de Houdelaincourt ont été déçues, n'a-t-il pas compris que ce fait capital était la plus puissante réfutation de tous ses raisonnements en faveur du prolongement du canal de Saint-Dizier à Bologne, prolongement qui laisserait précisément les groupes d'usine du Haut-Roguon et autres dans la position où elles se trouvent déjà vis-à-vis du port d'Houdelaincourt ?

C'est ici encore le cas de signaler une omission considérable de la part de M. Rozet, omission dont nous concevons toute l'importance en faveur de ses calculs et aussi des usiniers de la basse Marne ; ainsi il ne s'occupe absolument que du prix du transport, pour faire arriver les matières premières dans le groupe de Manois et Rimaucourt pris comme type pour la base de ses calculs, et il ne dit pas un mot des produits fabriqués avec ces matières premières ; or, il est évident que c'est là une lacune capitale.

D'un côté, les maîtres de forges de la basse-Marne chargeront leurs produits fabriqués sur le chemin de fer, dans leurs usines même, est les expédieront ainsi, facilement, exactement, rapidement et sans frais accessoires, tandis que les maîtres de forges du groupe de Rimaucourt, comme ceux des groupes de Neufchâteau, Châteauvillain, etc., devront les expédier sur essieux à des distances moyennes de 25 à 40 kil. pour les faire arriver en gare, et supporteront ainsi un surcroît de charge de 6 à 10 fr. par mille kilogrammes, sans compter les difficultés pour faire toujours arriver les commandes dans le temps voulu.

En outre de cela, les canaux gèlent souvent ou manquent d'eau ; quelle sera la position des usines desservies uniquement par le canal ?

Nous sommes surpris que cette aggravation de charge ait échappé à M. Rozet, elle mériterait, selon nous, d'être signalée et prise en sérieuse considération.

Enfin, M. Rozet considère tous les groupes d'usines de la Haute-Marne qui ne sont pas placés dans la vallée de la Marne comme nécessairement tributaires, pour leur approvisionnement de minerai, des minières de Chatonrupt ou autres situées dans les environs de Joinville, ou en aval de cette ville ; mais il n'ignore pas cependant que le chemin de fer proposé de Toul à Châtillon a précisément pour objet principal de permettre aux groupes d'usines que desservira cette ligne de s'approvisionner de minerai, soit dans les minières de la Moselle, soit dans celles de Vandœuvre, et il importe d'autant plus qu'ils aient cette faculté, que la concurrence qui en résultera entre les diverses exploitations de minerai forcera celles de la basse Marne à modérer leurs prix, qui tendent à devenir d'autant plus excessifs que les gisements de minerai les plus importants de cette localité appartiennent aux principaux maîtres de forges de la basse Marne, peu disposés à les céder à d'autres industriels.

Il y a aussi près Clefmont et dans les environs de Langres des minières nouvellement découvertes ; il y en a d'anciennes à Prez-sous-la-Fauche, Manois, Marault, sur le passage du chemin de fer projeté. Peut-on dire que l'on n'en tirera pas parti un jour avec les houilles de Prusse et même le charbon végétal ?

La conclusion du mémoire de M. Rozet peut être résumée dans la proposition suivante : Les gisements de minerai de fer les plus riches se trouvent sur la basse Marne et sur la Blaise, la fabrication du fer à bon marché, consiste à éviter tous les frais accessoires inutiles et notamment les frais de transport. En conséquence, c'est sur la basse Marne qu'il faut concentrer toute la fabrication des fontes et fers du département.

Il y a sans doute, dans un principe ainsi posé d'une manière générale, une certaine apparence de vérité ; mais il suffit d'y réfléchir pour démontrer que son application absolue conduirait aux résultats les plus désastreux et les plus contraires aux vues du Gouvernement, aux intérêts des consommateurs et des particuliers.

Le Gouvernement, en effet, veut conserver l'existence au plus grand nombre d'usines possible ; M. Rozet, au contraire, veut concentrer la fabrication du fer dans 8 ou 10 usines, échelonnées entre Joinville et Saint-Dizier. — D'abord, on comprend l'avantage de ce projet pour les usines conservées, mais quant à la fabrication, elle serait nécessairement de beaucoup amoindrie. D'un autre côté, un des éléments considérables de cette fabrication, c'est le combustible végétal. Or, comprend-on toute la propriété boisée du département de la Haute-Marne, un des départements les plus boisés de France, dont tous les produits seraient absolument à la merci de 8 ou 10 usines ? Si malheureusement la Haute-Marne devait subir un pareil monopole, surtout quand on sait, par l'exemple du passé, la manière dont se font les coalitions pour abaisser la valeur des produits forestiers, ce serait la ruine de tous nos propriétaires de forêts, et les particuliers, comme les communes, en perdant une bonne partie de leurs revenus, ne pourraient ni suffire à leurs besoins, ni même pourvoir aux dépenses de leur budget actuel, ce qui serait fort malheureux.

Pour copie conforme à la note arrêtée en séance le vingt mai courant, certifiée par le Maire de Chaumont soussigné, ce 20 mai 1860.

Signé : **GODINET.**

Imprimerie et lithographie de O. SAUPIQUE, à Saint-Dizier.

www.ingramcontent.com/pod-product-compliance
Lightning Source LLC
LaVergne TN
LVHW020213030726
842520LV00003B/1043